ふたりで始めた貯まる暮らし

ぽち。

HOW TO ENJOY SAVING MONEY WITH YOUR PARTNER!

はじめに　〜限られたお金で楽しく暮らす〜

好きな人と付き合って。
ふたり暮らしを始めて。
結婚して。

結婚がゴールかと思いきや、そんなことはなくて
これからながーい人生が待っています。

その長い人生を"ふたり"で毎日楽しく幸せに暮らしていくために
どうしても考えなければならないことがありました……。

それは、"貯金"です。
結婚しても、ふたり暮らしなのは以前と変わらないままですが、
将来を見据えて家計の見直しを始めました。

今までは自分のお給料を自分の好きなことに好きなだけ使っても、
問題はありませんでした。
貯金があってもなくても自分の責任。
だから自分の好きなように使っていいし、使うべき、ですよね？

でも、"ふたり"だと、どうでしょう？

貯金のために我慢はしたくないなぁ（その通り！）。
毎日楽しく暮らしたい（もちろん！）。
彼と仲良く、協力してがんばりたい（だよね？）。
いろんな夢をあきらめたくはない（そうこなくっちゃ！）。

……そんなこと、できるのかな？
はい！　工夫と考え方次第で、全部叶っちゃいます。

"ふたり"だからこそ
ひとりのときの２倍以上の
「お金」と「幸せ」を貯めていけるような、
決して無理しないやり方が、
私たちふたりの貯め方……なのかなと、思います。
ごくフツーの私たちが試しているからこそ、
みなさんにもきっと役立つはず。
お金と向き合ってみて見えてきたいろんなことをご紹介します。

貯金をがんばるふたり

彼

社会人12年目の30歳。介護施設で介護士として働いています。

肉が好き。特にすき焼き大好き。

しいたけが苦手。

ぽち。より1歳年上だけど、社会人としては4年も先輩なのでしっかりもの。

座右の銘は、「信は万物の基を成す」

説明すると、「『信頼』『信用』『自信』はすべてのことの土台となる」ということ（らしい）。たまに難解なことを言うこともあるのだけれど、基本的にマイルドで優しい彼（今はダンナ様）。

どこにでもいる

ぽち。

北海道生まれの北海道育ち。
社会人8年目の29歳。
介護施設で管理栄養士として働いています。

お金を貯めるのが大好き。
でも昔は貯金が苦手。
彼との出会いで将来を考え始めたときから貯金スイッチオン（彼に感謝！）。

誕生日には"バースデーしゃぶしゃぶ"が定番。
それくらい大好き。

「笑う門には福来る」というので、
とりあえず、いつも笑うようにしています。

インスタグラマーとしてもちょっぴりがんばっています。貯金のあれこれを発信してるので、よろしければ覗いてみてください。

フツーのふたりです。

一緒に暮らし始めると、
いろんな気づきがあったりします。

ぽち。
お赤飯は
小豆派。

彼
お赤飯は
甘納豆派。

(北海道や東北地方では、甘納豆をお赤飯に使うことがあるのです)

ぽち。
朝は
ごはん派。

彼
朝はパン派。

自分にとっての当たり前は、
彼にとっての当たり前ではないんだなあ…

ふたりで暮らすって、"ふたりの「いいね！」"を見つけていくことじゃないかと思うのです。

おそろいの服で、婚姻届を持って記念写真。プチプラTシャツだったけど、素敵な記念になりました（お高めのTシャツを買おうと思っていたけれど、ふたりとも優柔不断で決められず）。

婚約指輪はいらない！
その代わりに、結婚式やマイホームにお金をかけます。

ふたりで暮らし始めるにあたり両親へ、ここまで育ててくれた感謝を込めて、プレゼント。

ふたり暮らしを始めたのは賃貸の1LDK。
ずっと憧れていたカウンターキッチンが
ある部屋。
彼とおしゃべりしながら料理できるのが
いいです。

お気に入りのソ
ファでダラダラ
したりとかね。

結婚前に思い描いていた
「ふたりの夢」

奨学金完済！
車のローン完済！
(夢というか目標!?)

マイホームを購入。
自分たちの家を建てたい。
(そこでのびのび子どもたちを育てたい)

犬を飼いたい。
(私も彼も犬好き)

子どもがほしい。
できたらふたり。
かわいがってお金を
たくさん使っちゃいそう。
(教育費も地道に貯めていきたい)

毎年旅行に行く。
子どもが生まれたら、
両親も誘って家族3世代で
旅行したい。
(両親の嬉しそうな顔が見られたらいいな)

……ささやかな夢だけど、実現のためには、
ちょっとばかり「貯金」もしないとね……
というこどなのかな？

目標は、ふたりで……

貯金
1,000万円
（できれば5年後？）

……できるかな？
いや、きっとできるはず……だよね？

目次

はじめに〜限られたお金で楽しく暮らす〜 …… 2
貯金をがんばるふたり…… 4

今日からできることってなんだろう？…… 19

1 まずはできることからやってみる…… 20
2 やっぱりインスタ！…… 22
3 周りの人に聞く…… 23
4 本を読む…… 24
5 FP に聞く…… 26

1,000 万円貯めるための
具体的な道のり …… 27

10 年で 1,000 万円！…… 28
5 年で 1,000 万円！…… 29
3 年で 1,000 万円！…… 30
大きな目標は小さく分けて考えてみるといいかも…… 31

お金が貯まるしくみ作りを考えよう…… 32

ふたりの暮らしにかかるお金…… 34
ひとりからふたりになって何が変わった？…… 35
家計簿をつけてみよう…… 36
家計簿を味方につけよう…… 37
おすすめ！　オリジナル家計簿…… 38

貯金に慣れてきたら　新！ズボラ家計簿…… 40

レシートはとりあえず、もらっておこう…… 42

こんなときどうする？…… 43

お金を仕分けてみよう…… 44

コツコツやれば必ず貯まる「先取り貯金」のすすめ…… 46

無理しないのも長続きのコツ…… 48

ちょっとズボラくらいが長続きのコツ…… 50

つきなみだけど、貯まる方程式はコレ！…… 52

生活費＆自由費、もしも使いきれなかったら？…… 54

急な出費って、やっぱりあるよね？…… 56

高額な買い物をするときは、どうする？……57

それぞれのしたいこと、やりたいことは？…… 58

働く理由ってなんだろう？…… 60

もしも宝くじが当たったら？…… 61

モチベ UP の貯金グッズ、ある？…… 62

1 セクションファイル…… 63

2 貯金封筒…… 63

3 小銭ケース…… 64

4 電卓…… 64

5 家計簿…… 65

6 お財布…… 65

モチベ UP の貯まるアクション、ある？…… 66

1 こまめに記帳…… 67

2 通帳を眺める…… 67

3　手書きで預金残高を折れ線グラフに…… 68

4　たまには自分にご褒美を…… 68

5　自分で自分のことをほめる…… 69

6　貯まったポイントでプチ贅沢…… 69

7　インスタで貯金アカウントを見る…… 70

8　ほしいものリスト、やりたいことリストを作る…… 70

9　１年後の貯金額を予想してみる…… 71

インスタグラマーですが、わりと現金派です…… 72

今さらだけど、チラシや広告をチェックしよう…… 74

チラシアプリも活用してみよう…… 75

お買い得日を見逃さない！…… 76

「節約」といえばやっぱり、「自炊」でしょ？…… 80

自炊のモチベ UP のアイデアいろいろ…… 82

1　「超！」時短レシピがいい…… 83

2　自分の好きなものがいい…… 84

3　彼の好きなものがいい…… 85

4　お気に入りの調理器具や食器がいい…… 86

5　ネットでレシピ検索がいい…… 86

「手作り弁当」の世界を
ちょっと旅してみましょうか？…… 87

手作り弁当 レベル 4「やる気十分！どんとこい！」…… 89

手作り弁当 レベル 3「やる気はまぁまぁ。とりあえず作るか」…… 90

手作り弁当 レベル 2「やる気ないけど。ちょっとはがんばれる」…… 91

手作り弁当 レベル 1「気力、体力、やる気ゼロ」…… 92

おにぎりに合うもの、何がある？…… 94

ふたりで食べたら元気が出るレシピ4つ…… 96

テッパンレシピ其の1　海鮮丼…… 97

テッパンレシピ其の2　手のせ寿司…… 98

テッパンレシピ其の3　肉と野菜のオーブン焼き…… 99

テッパンレシピ其の4　鍋料理…… 100

自炊にあったらいい　お助け食材ベスト10 …… 102

節約の地味なサポーター　マイバッグを忘れない…… 104

おすすめのマイバッグ……105

やっぱり、いいね！ No Money Day…… 106

NMDな休日（たとえばこんな感じ）…… 110

パートナーとお金のこと …… 115

パートナーはどんなタイプ？　貯金性格診断チャート…… 116

A きっちりこなしたい　完璧主義者タイプ…… 118

B マイペースで　コツコツタイプ…… 119

C 面倒くさがりだけど　伸びしろありタイプ…… 120

D いずれがんばる　いつかやろうタイプ…… 121

E 今が楽しければOK　貯金後回しタイプ…… 122

F ブレない自分軸アリ　無欲タイプ…… 123

借金のあるなし、伝えるべき？…… 124

奨学金という名の借金のこと…… 125

パートナーに借金があることを打ち明けられたら？…… 126

なぁんか、お金の話をしにくいんだよね…… 128

ふたりの家計管理は共同財布制…… 130

こんな家計管理方法もありますよー……131

考え方も行動も正反対な
ふたりの場合どうしたらいい？ …… 132

1「貯めることが楽しい」VS「使うことが楽しい」…… 133

2「小食」VS「大食い」…… 134

3「プチプラ好き」VS「ブランド好き」…… 135

4「お酒を飲む」VS「お酒を飲まない」…… 136

価値観の違いって、まあよくあるよね？ …… 137

めざせ！ パズルのピースみたいなふたり …… 140

「ばっかり」を減らそう …… 141

ふたりになって、わりとよかったなあと思うこともある …… 142

貯金の大切さを教えてくれた　もの・人・こと …… 144

お金をかけない親孝行、けっこうあるよ …… 146

ふたり＋その家族がもっと仲良くなれる言葉 …… 148

パートナーの家族とのおつきあいにも役立つ
　　　　　　　　　　　　　贈り物の極意2つ …… 149

贈り物上手って幸せになれる気がする …… 150

テンションが上がったプレゼント3つ …… 151

お金とふたりのハピネス …… 152

ふたりのその後　結婚式のこと …… 154

貯金の現状、こんな感じです！ …… 156

おわりに …… 157

ぽち。のぷちデータ：参考文献、参考ウェブサイト

● 21 ページ
「ウルトラ省エネブック」（東京ガス株式会社 都市生活研究所，2025）
https://www.toshiken.com/ultraene/bathroom_toilet/index2.html

● 23、131 ページ
「家計の金融行動に関する世論調査 2024 年（二人以上世帯調査）」（金融経済教育推進機構，2024）

● 25、101、107、111 ページ
「令和 3 年社会生活基本調査結果 − 社会生活基本調査から分かる 47 都道府県ランキング」（総務省統計局，2022）
https://www.stat.go.jp/data/shakai/2021/rank/index.html

● 35、109、113、141、143 ページ
「令和 3 年社会生活基本調査 − 生活時間及び生活行動に関する結果」（総務省統計局，2022）
https://www.stat.go.jp/data/shakai/2021/pdf/gaiyoua.pdf

● 37、39 ページ
「2023（令和 5）年 国民生活基礎調査の概況」（厚生労働省，2024）
https://www.mhlw.go.jp/toukei/saikin/hw/k-tyosa/k-tyosa23/dl/10.pdf

● 47、59 ページ
『90 歳までに使い切る お金の賢い減らし方』（大江英樹、光文社新書）

● 51、69、127 ページ
「家計調査報告（貯蓄・負債編）− 2023 年（令和 5 年）平均結果の概要 −（二人以上の世帯）」（総務省統計局，2024）
https://www.stat.go.jp/data/sav/sokuhou/nen/pdf/2023_gai.pdf

● 55 ページ
「令和 4 年分 民間給与実態統計調査 − 調査結果報告」（国税庁長官官房企画課，2023）
https://www.nta.go.jp/publication/statistics/kokuzeicho/minkan2022/pdf/000.pdf

● 61 ページ
「World Giving Index 2022」（Charities Aid Foundation，2023）
https://www.cafonline.org/docs/default-source/about-us-research/caf_world_giving_index_2022_210922-final.pdf

● 85 ページ
「日本は 339 個で 2 位 前年より 2 個増加 1 人当たり鶏卵消費量」（鶏鳴新聞，2023 年 9 月 5 日）
https://keimei.ne.jp/article/category/kokusai/page/6

● 91 ページ
「日本べんとう振興協会」
https://www.bentou-shinkou.or.jp/aboutus/history/

● 105 ページ
「ecojin」（環境省）
https://www.env.go.jp/guide/info/ecojin/scope/20210929.html

● 117 ページ
「2021 年社会保障・人口問題基本調査（結婚と出産に関する全国調査）現代日本の結婚と出産 − 第 16 回出生動向基本調査（独身者調査並びに夫婦調査）報告書」（国立社会保障・人口問題研究所，2023）
https://www.ipss.go.jp/ps-doukou/j/doukou16/JNFS16_ReportALL.pdf

● 125 ページ
「令和 4 年度 学生生活調査結果」（独立行政法人日本学生支援機構，2024）
https://www.jasso.go.jp/statistics/gakusei_chosa/__icsFiles/afieldfile/2024/03/25/data22_all.pdf

（「ぽち。のぷちデータ」は参考文献、参考ウェブサイトをもとに編集部で作成しました）

1 まずはできることから やってみる

□ この本を読む　□ お財布を整理する

□ 必要な分だけお財布にお金を入れる

□ マイボトルを使う　□ お弁当を作る

□ 冷蔵庫の中を整理する

□ 電気のつけっぱなしに
　気をつける

□ 水の流しっぱなしに
　気をつける

□ 節水シャワーヘッドに交換

□ マイバッグを持参する（104 ページ参照）

□ あえて買い物に行かない日を作る
　（106 ページ「NMD」参照）

地味だけど
大切な、
あれこれ。

☐ 試しに、1日分のレシートで
　支出を確認してみる

☐ 飲食店の誘惑に打ち勝っておうちごはん
　（もちろんたまには外食もOK）

☐ コンビニや自動販売機での買い物頻度に
　気をつけてみる

☐ 可能な限り徒歩や
　自転車で移動してみる

☐ 公共施設をフル活用
　（図書館、児童館、地域センターなど）

とにかく始める、やってみる。これかなり大事。

☐ ポイントにつられて
　無駄買いしない
　（調味料、トイレ・バス用品など）

☐ 捨てる前に、リユース＆リサイクルを検討
　（服、ビニール袋、封筒や包装紙といった紙類など）

1分間水を流しっぱなしにすると約5ℓに。なんと、500mlのペットボトル10本分です。5ℓを流しっぱなしにすると5.2円/日ですが、洗面器にためて使うと約2ℓで2.0円/日。1日1回流しっぱなしをやめるだけで、1年で1147円の節約ができます。

2 やっぱりインスタ！

スマホ1つでいろんな人たちの貯金方法を知ることができてしまいます。
手始めに、自分と同じくらいの収入の人を探して、その人の貯金方法を学ぶのがいいですね。**"自分と同じくらい"** というところが大きなポイントです。

おすすめ検索ハッシュタグ：
＃手取り〇〇、＃家計簿、＃家計管理、＃貯金、＃奨学金

周りの人に聞く

周りの人にお金について話を聞くって、けっこうハードルが高いもの。
なかなか聞きづらいけど、知っている人から教えてもらう情報ってとてもためになるし、信憑性も高い。私の場合は、信頼できる友人・職場の先輩からアドバイスをもらいました。

同い年の友人

「この人みたいになれたら」と、なんとなく憧れている人、周りにいませんか？ たとえば私には、入籍、結婚式、出産、育児、マイホーム購入など、私の理想をすべてちょっぴり先取りして叶えている同い年の友達がいて、彼女のアドバイスがとても参考になりました。同い年だからこそ、考えや悩みもなんとなく似ているのかな？ 「無知が一番の損」「目先の情報だけにとらわれちゃダメ」などの言葉は、心にしっかりメモ。

職場の先輩

先輩がふるさと納税を始めるという話を聞いて、私も便乗！ 以来、毎年ふるさと納税をして、税金対策しています。その他にも投資信託、育児に関わる出費、住宅ローンなどについても教えてくれる頼もしい存在。同じ職場の先輩からお金について教えてもらえるのはとても勉強になります。

 2人以上の世帯の持ち家率は67.7%。「持ち家なし」と答えた人のうち、「将来にわたりマイホームを取得する考えはない」という人は39.8%（2024年）。

4 本を読む

貯金に関する本・雑誌はたくさんあります。インスタでざっくりと貯金について知ったあとは、+αとして本を読んで専門的な知識をつけるというのが理想的な流れかなと思います。サブスクや図書館を利用してお得に読む方法もあります◎

おすすめの本

『結婚1年目のトリセツ』
(百田なつき：編著、アベナオミ：絵、畠中雅子・岩下宣子：監修、マイナビ出版、2014年)

結婚前、結婚したてに知りたいお金やマナーについて知ることができる1冊。イラストや漫画が多めで楽しく読み進められるのでおすすめです。
この本のおかげで、結婚する際に必要なお金への漠然とした不安を解消できました。

『今も未来も大切にする しあわせ貯金生活』
(ぽち。、自由国民社、2021年)

私の1作目の著書です。
貯金に対して苦手意識を持っている方に手に取ってほしい1冊です。
貯金というとすごくハードルが高く感じられるけど、そんなことはありません。
簡単なことを、無理せず楽しく続けることが大事だということを、私の貯金状況も赤裸々にしながら伝えています。

※本に書かれている制度については、出版後、改正されていることがあるので、時間が経っているものは調べてみると安心です。

おすすめの雑誌

『日経WOMAN』
(日経BP)

働く女性のキャリアとライフスタイルについての情報雑誌。
同世代くらいのお金事情を知ることができて、図書館でついつい読みふけってしまう1冊です。

『LDK』
(晋遊舎)

お金だけでなく、コスパのよいものを見つけられる宝探しのような楽しさにあふれた雑誌。
私がやりくり上手になれたのも、『LDK』があったからこそ。

『サンキュ！』
(ベネッセコーポレーション)

貯金方法だけではなくて、おいしそうな節約料理がたくさん載っています。
やりくり料理の参考にフル活用。
母娘、親子2世代で愛読しているとてもなじみのある雑誌です。

おすすめのサブスク

「dマガジン」

さまざまな人気雑誌を読めるアプリ。複数の端末でアカウントを共有して使用できるのも嬉しいポイント（上記でご紹介した雑誌も全部読めます）。

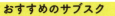

ぽち.のぷちデータ　過去1年間に「趣味としての読書（マンガを除く）」をした人の割合が多い都道府県（2021年）。
1位東京都（43.4％）、2位神奈川県（38.7％）、3位埼玉県（34.4％）。

5 FPに聞く

「貯金が苦手」「これから貯金をがんばろう」という人には、いきなりプロのFP（ファイナンシャルプランナー）に相談するのはハードルが高いかもしれません。でも、現在の貯金状況を知ることができたり、どういう支出を抑えて、これからどうしたらいいのかなどのアドバイスを専門的な知識を持っている人から教えてもらえるのは、ありがたいことです。

私も結婚を機に初めてFP相談を受けてみました。とても親身になって相談に乗ってくださって、将来のためにしっかりお金を備えようと改めて思えました。

FP相談は、有料・無料とさまざまありますが、いろんな金融商品、保険商品をすすめられることもあります。自分たちにとって有益だと感じた場合は話を進めるのもよし。自分たちには合わないと感じた場合はサクッと断る潔さも忘れずに！

1,000万円貯めるための具体的な道のり

10年で1,000万円！

1 DAY

1日で約2,778円
（1か月30日としています）

1 MONTH

1か月で約8.3万円

1 YEAR

1年で約100万円

なんとかできそう……な気がする！

5年で1,000万円！

1 DAY

1日で約5,556円
（1か月30日としています）

1 MONTH

1か月で約16.7万円

1 YEAR

1年で約200万円

ひとりじゃ無理だけど、ふたりならなんとかなる……!?

3年で1,000万円！

1 DAY

1日で約9,259円
（1か月30日としています）

1 MONTH

1か月で約27.8万円

1 YEAR

1年で約333万円

ひー！
こりゃーきつい、
無理！

大きな目標は小さく分けて考えてみるといいかも

たとえば、「10年で1,000万円貯める」のは、確かに壮大な目標です。
でも、1日に貯めるべき金額は「約2,800円」。
仮に、1日いくら使っているか、今日のレシートで確認してみてください。
ランチ代。コスメ代。お菓子代。お酒代。
ちょっとした買い物で3,000円くらい使っていること、ありませんか？
この「1日のちょっとした出費」を「10年で1,000万円」への大切な貯金額と意識していたら、どうでしょう？
"今やるべきこと＝今日意識してセーブするお金の額"が、とてもわかりやすくなりますね。そのためにも、目標を"小さく"分けて考えることが大切かも！

奨学金返済の例

私は大学卒業時に216万円の奨学金の返済がありました。
そのため、こんな返済計画を立てました。

> ぽち。奨学金返済計画
> **長期目標（大きな目標！）：** 4年間で奨学金を繰り上げ返済する
> **中期目標：** 1年間で49万円を貯める（返済に充てる）
> **短期目標：** 毎月2万円を貯める（返済に充てる）
> 　　　　　　ボーナスから25万円貯める（返済に充てる）

目標を期間ごとに分けて考えたら、なんだかすっきりしたことを覚えています。
そして、目標通り、約4年間で完済。
目標を立てることって本当に大事。

……ところで、
どうしたら貯まると思う？（ぽち。）

うーん……（彼）

しくみ作りをしたからといって、すぐに大金は貯まりません。
でも、しくみがあると、コツコツゆるーく続けるだけで、いつのまにかお金って、貯まっていくものなんですね。
とてもシンプルだからこそ、ぜひとも試してみてほしいのです。

ふたりの暮らしにかかるお金

目安はこんなカンジ

たとえば

ふたりの収入
（合わせて手取り40万円だった場合）

手取りの金額で考えることで計算の誤差が少なくなったり、わかりやすくなったりします。

貯金（15%）
6万円
貯金の目安は手取りの15%といわれることが多いです。あくまでも目安なのであまり無理はせずに。

自由費（28%）
11.2万円
娯楽、交際費、服・美容など、食費・日用品費以外の出費はこの金額の範囲内で！何にいくら使うかは自由。

日用品（3%）
1.2万円
安売りのときに買う、こだわりがないものはプライベートブランドを選ぶなど、工夫次第で安く抑えられる。

家賃（25%）
10万円
家計の大部分を占めるのが家賃。高すぎると家計が圧迫されるので収入に合った物件にするのがいいです。

光熱費（6%）
2.4万円
夏は冷房、冬は暖房が必須。仕方ない出費だと割りきることも大事。

食費（食材・外食）（12%）
4.8万円
やりくり次第で安く抑えられるのは食費。ほどよく自炊してほどよく外食するのが理想。

保険料（5%）
2万円
自動車保険に入っている人はもう少し目安を増やしてもいいかも。

通信費（6%）
2.4万円
格安スマホや格安プランに変更するのもいいです。定期的にプランの見直しをするのをおすすめします。

（円グラフ内：貯蓄／固定費／生活費／自由費）

ひとりからふたりになって何が変わった?

固定費は大幅ダウン

家賃や水道など、ひとりあたりの固定費はすべて折半しているので、ひとり暮らしのときと比べて大幅に安くなりました。オール電化の家に引っ越したので、灯油代はゼロになったけど、電気代だけはアップ。

家賃 36,000 円→ **28,500 円**（家賃 57,000 円を折半）
水道　3,700 円→ **1,700 円**

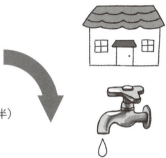

食費は少しアップ

私はもともと小食で、あまり食材にお金をかけていませんでした。でも、彼はたくさん食べる人。そのため、ふたり暮らしになったら、ひとりあたりの食費は増えました。
でも、食材をふたり分まとめ買いできて割安になったり、自炊の頻度も増えたりして、ひとり暮らしのときより逆に安く済むこともあります。

食費 8,800 円→ **10,200 円**

個人の固定費・自由費に大きな変化なし

通信費や保険料などの固定費、娯楽費や服・美容などの自由費は大きな変化はありませんでした。
「ふたりになったからこそ、さらに貯金をがんばろう！」とはなっていないことが、なんとなく数字から見えてきた……!?

睡眠を除く生活時間で一緒にいた人について。2016 年と 2021 年を比べると（0～14 歳を除く）すべての年齢階級で家族と一緒にいた人は減少傾向にあります。あらゆる年齢層で、1 人でいる時間が増えていることがわかります。

家計簿をつけてみよう

家計簿のこと、私、最初は誤解していたんです。
というのも、なんでもかんでも、記録すればいいって思い込んでいたのですね。
これがとんだ大間違い！
「これだけちゃんと記録してるのに、貯まらない！」
って、最初は落ち込みました。

でも、あるときふと気づいたのです。
「何に使ったのか」を知ることも大事なんだけど、
「何にいくら使っていいのか」 を知ることのほうが、
大事なのだということに。

家計簿を味方につけよう

それぞれの費目ごとに「使っていいお金」がいくらなのかはっきりわかれば、その中でやりくりしようと考えるようになりますよね。

- 生活に必要なお金（生活費）は？
- 貯めるお金（普通貯金、積み立て、ふたりのための貯金）は？
- やりくりのお金（食材費、外食費、日用品費）は？
- 好きに使っていいお金（自由費）は？

自分にぴったりの家計簿を見つけて、まずは1か月、できたら2、3か月続けてみましょう。使っていいお金の金額が、少しずつ、具体的に見えてくるはずです。

そうしたら、お金を上手にコントロールできる最初の一歩が踏み出せるかも！

2022（令和4）年の1世帯当たり平均所得金額は、「全世帯」が524万2千円、「児童のいる世帯」が812万6千円。

おすすめ！オリジナル家計簿

- それぞれのお金（収支・貯金・自由費）をしっかり把握できる欄がある。

- お金を使った日は出費合計金額をカレンダーに記入。

- お金を使わなかった日はカレンダーにハートマークを書いてモチベUP！

「かわいくて」「お金が貯まる」そんなオリジナル家計簿を作りました。ふたりの数だけ家計簿もさまざまなはず。私たちのオリジナルを参考に、ぜひ、自分たちの家計簿を作ってみてください。

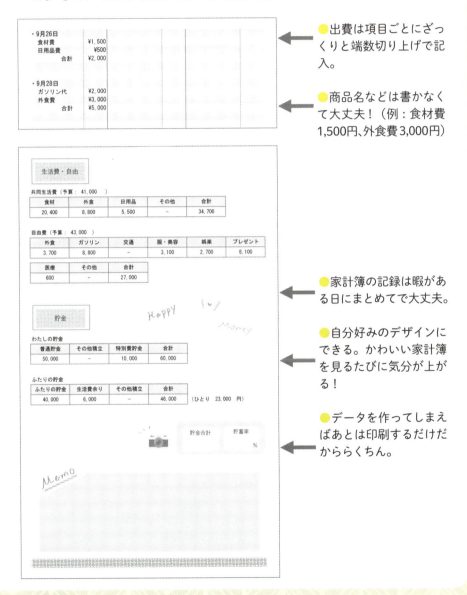

● 出費は項目ごとにざっくりと端数切り上げで記入。

● 商品名などは書かなくて大丈夫！（例：食材費1,500円、外食費3,000円）

● 家計簿の記録は暇がある日にまとめてで大丈夫。

● 自分好みのデザインにできる。かわいい家計簿を見るたびに気分が上がる！

● データを作ってしまえばあとは印刷するだけだかららくちん。

ぽちのぷちデータ

2023年の所得金額別の分布を見ると、「100〜200万円未満」（14.6％）が一番多く、次いで「200〜300万円未満」（14.5％）、「300〜400万円未満」（12.9％）となっています。所得金額の中央値は405万円。

貯金に慣れてきたら
新！ズボラ家計簿

仕事をしながら家計管理をするのって本当に大変ですよね？
仕事以外の時間はできるだけ趣味や彼との時間に使いたい。
そんな思いで作った最新版の家計簿が右ページのこちらです！
思いきって、支出を記入する欄をなくしました。

お給料（収入）を振り分けるための固定費・共同費（固定費＋生活費）・先取り貯金を記入する欄と月末の貯金結果を記入する欄だけのシンプルな家計簿です。

支出欄のある手作り家計簿をずっと使ってきましたが、

★家計管理ルールに慣れた。
★支出を記載しなくても予算内で過ごせるようになった。

…ので思いきって簡単バージョンにアップデートしました。

結局は手元に残ったお金がすべて。
家計管理に慣れて貯金が習慣化したら、
ライフスタイルや今の自分に合わせて
家計簿もアップデートしちゃいましょう！

— 2024.9 —

収入 190,000 − 共同費 57,000 ＋ 個人固定費 20,000 ＋ 先取貯金 70,000 ＝ 自由費 43,000

共同固定費

家賃	57,000
水道（前月）	3,400
電気	12,000
合計	72,400
（端数切上合計）	73,000

（ひとり　36,500　円）

共同生活費

生活費	41,000

（ひとり　20,500　円）

共同費（共同固定費+共同生活費）

合計	114,000

（ひとり　57,000　円）

個人固定費

通信（前月）	9,000
医療保険（前月）	3,700
車保険（前月）	6,600
その他	−
合計	19,300
（端数切上合計）	20,000

先取貯金

普通貯金	30,000
積立NISA	20,000
ふたりの貯金	20,000
（その他積立）	−
合計	70,000

 貯金

Happy Money

わたしの貯金

普通貯金	積立NISA	その他積立	特別費貯金	合計
30,000	20,000	−	10,000	60,000

ふたりの貯金

ふたりの貯金	生活費余り	その他積立	合計
40,000	6,000	−	46,000

（ひとり　23,000　円）

貯金合計	貯蓄率
	％

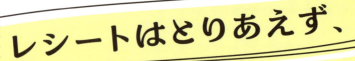

レシートはとりあえず、もらっておこう

とりあえずレシートはもらっておきましょう。使った金額を忘れないで済みます。記憶をたどるのは、時間が経つほど大変ですから！

もらったレシートはお財布に入れっぱなしでOK。家計簿をつけるときにお財布から取り出して、日付順に並べて金額を記入するだけ。

家計簿にレシートの金額を記録したあとはレシートを捨てていいです。

スマホでレシート管理できるアプリの紹介
家計簿アプリ「Zaim」

スマホのカメラでレシートを撮影するだけで家計簿に記録ができるアプリもあります。
実際に彼が使っているアプリです。レシートの写真を撮るだけで日付、品目、金額などを読み込んでくれるのでいちいち細かく入力しなくて済むからとても便利。

こんなときどうする？

Q レシートをもらえなかったときは？

A 忘れないうちにスマホでメモを残しておきましょう。
書き方は「2/8　外食 2,000 円」みたいな感じで
大丈夫。
そして後日、時間があるときに家計簿に記録すれ
ば OK です。

Q レシートをもらえなかったし、いくら使ったのかも忘れちゃったときは？

A なんとなくの金額で大丈夫なので、思い出して家計簿に記録して
おきましょう。
「なんとなくの金額さえ思い出せない」「見当がつかない」という
場合は、思いきって書かない選択もあり！
家計簿の出費欄は 1 か月の間に、「何」に「いくらくらい」お金を
使ったのかをあとで見直すためのものなので、多少記入漏れがあ
ったとしてもまったく問題ないのです。

Q お金を使ったこと自体を忘れていたら、大変なことになる…？

A 大丈夫！　よくあることです。
家計簿を見直した際に「あれ？　思っていたよりも手元に残って
いるお金が少ない？」となるかもしれませんが気にしない。
結局は、手元に残っているお金がすべてですから！

お金を仕分けてみよう

まず、オリジナル家計簿（38-39ページ）で、①〜⑤の金額を確認。その金額を、それぞれの封筒へ。
5つの封筒は、100円ショップのセクションファイルにまとめて保管。

① 普通貯金

② ふたりの貯金

③ その他積み立て

①「普通貯金」②「ふたりの貯金」③「その他積み立て」は、それぞれの専用口座があるので、時間があるときに銀行で入金しています。

「使っていいお金」をはっきりさせるため、①「普通貯金」、②「ふたりの貯金」、③「その他積み立て」、④「共同生活費」、⑤「自由費」というようにお金を仕分けています。

「共同生活費」と「自由費」は、必要なときにその都度、封筒からお財布に入れます。

④「共同生活費」、⑤「自由費」の封筒に入っているお金＝1か月の予算。封筒に入っているお金だけでやりくりすればいいだけだから、わかりやすい！ お財布には、必要な分だけ入れて使いすぎを防いでいます。（※家計簿の共同固定費は口座引き落としなので現金仕分けはしていません）

コツコツやれば必ず貯まる「先取り貯金」のすすめ

お給料をもらったらまずは貯金分のお金をよけておきましょう。
これぞ、「先取り貯金」です。

「ある分だけ使っちゃって、貯金ができないんです」というご相談をいただくことも多いのですが、先取り貯金をしておけば、残りのお金を全部使いきっても、まったく問題ナシ。
「今月も全部使ってしまった（貯金できなかった）」という罪悪感もナシ。

逆に、「このお金（余った分）は、全部使ってもいいんだ！」と、ちょっぴり嬉しい気持ちにもなるはずです。
「お金を使いきっていい！」って、ちょっとワクワクしませんか？

先取り貯金のいいところは、見通しがつくこと。
たとえば、毎月2万円を先取り貯金します。
半年後には12万円。
1年後には24万円。
2年後には48万円。
どのぐらいのペースでいくら貯まるか、具体的に想像できます。

将来やりたいこと、買いたいものがあるなら、計画的に貯めることができちゃいます。

余った分だけ貯める方法だと、月の貯金額に差が出てしまいます（多い月もあれば、まったく貯金できない月もあったりして）。

貯金が苦手という人は、貯金額が少ない（もしくはまったく貯金ができない）という人が多いのでは？　というのも、かつての私が、まさにそうだったから。

「貯金ができない→イライラ、モヤモヤがおさまらない→貯金ってなんか苦手→欲求不満から散財→やっぱり今月も貯金できない」こんな負のスパイラルを断ちきりたいですよね？

先取り貯金は地味ですが、毎月コツコツ続ける（続けようとする）ことで、着実にお金が貯まるようになりますよ。

先取り貯金をシンプルに言い換えると、要は"やることの順番"の問題です。「使う前に貯めておこう！」ということ。お金を使ってしまってからから、貯めることはできませんから！

無理しないのも長続きのコツ

貯金のがんばりすぎに注意！

何事も、ほどよくが大事。
「早く貯めたい」「貯めなくちゃ」と焦る気持ちも、とてもよくわかります。
でも、毎月の貯金額を多くしすぎてしまうと、やりくりがしんどくなって長続きしません。
一気に貯まるものではないからこそ、毎月少額でもコツコツと続けるのが大事なんですね。

貯金をがんばりすぎて、貯金に手をつけてしまうという負のループに陥らないように。

「先取り貯金額」が多ければ多いほど、やりくりするための生活費や自由費はどんどん減りますよね？

生活費や自由費が少なすぎると、やりくりのお金が厳しくなって、「先取り貯金」に手をつけてしまうことになるかもしれません。

せっかく貯金額を多くしてがんばっても、それでは意味がないですよね？

「この金額なら無理なく貯められるかも」という最低限の金額で、まずは先取り貯金を始めてみてください。慣れてきて余裕ができてきたら、金額をちょっぴり増やせばいいんです◎

無理は厳禁ですよー！

ちょっとズボラくらいが長続きのコツ

出費の誤差は気にしない！

出費は端数"切り上げ"、収入は端数"切り捨て"で記録するのがおすすめ。

実は、切り上げ、切り捨てで計算するといいことがたくさんあるんです。
出費を端数"切り上げ"にすれば、実際よりも手元に残る金額がちょっぴり多くなります。
「あら、思っていたよりもお金が残ってる!?」って、ハッピーな気持ちになれます。

また、収入を端数"切り捨て"にすれば、実際よりも少ない金額を記録していることになるので、知らないうちに端数分のお金が貯まっていきます（わーお）！
1円、10円単位で計算しなくていいって、とても楽で、いいものなんです。

家計簿は毎日書かない！

みんな、毎日忙しいですよね。
きっと、「家計簿をつける余裕も気力もゼロ」なんてこともあるでしょう。
だから、暇なときにまとめて記入すればOKです。

私はお財布にレシートがたまってきたタイミングでまとめてつけていました。多いときは10日分をまとめて記入することも！

たとえ10日に1回でも、続けることが大事だから、それでいいんです。

記録を忘れたり間違えたりしても気にしない！

結局は手元に残っているお金が「すべて」ですから。「あー、いくら使ったか思い出せない」と落ち込む必要はまったくなし！

そんなことでやる気をなくして家計管理をやめてしまうより、「少しくらい間違ってもいいや！」と開き直って続けられるほうがよっぽどいいです。

2人以上の世帯における2023年平均の1世帯当たり貯蓄現在高（平均値）は1904万円で、5年連続増加となるとともに、比較可能な2002年以降で最多となっています。

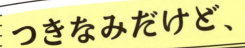

つきなみだけど、貯まる方程式はコレ！

収入−(生活費＋固定費)

市販の家計簿

市販の家計簿には、「収入−支出＝貯金」とよく書いてあります。「お給料から支出を引いて残った金額が貯金額」ということですね。「今月はこれだけ貯金ができたね」って家計簿を〆るタイミングで1か月のまとめ・見直しとして計算する感じです。

やっぱり大切なのは**「先取り貯金」**なのですね。
そのための家計の計算式、覚えておきましょ。

私の家計簿

それに対して私の計算式は、お給料をもらってすぐのタイミングで、「お給料（収入）」「生活費」「固定費」「先取り貯金」などを確認し、使っていい金額「自由費」を把握するためのものなんです（そもそも計算する目的が違うということ）。
毎月この計算式でお金を計算すると、魔法のように貯金がしやすくなりました◎

生活費＆自由費、もしも使いきれなかったら？

生活費＆自由費の余りは「使っていい貯金」＝「特別費貯金」として、貯めておきましょう。"使っていい"というところがポイントです。

貯金には手をつけちゃいけないんじゃなかったっけ？

「先取り貯金」には手をつけないほうがいいよ！
使っていいのは、生活費・自由費の余り。
つまり「特別費貯金」。
「お金が余る」ということは、その月の
やりくりをがんばったということ。
せっかくがんばってお金が余ったのなら、少しくらい、自分の好きなように使ってもいいんじゃない？と私は思うのです。
だからこそ、「生活費＆自由費」の余り（使いきれなかった分）は、「特別費貯金」としてプールしておいて、好きなタイミングで心おきなく使うようにしています。

「毎日のやりくりを
がんばる」

「お金が余ったら、
好きなことにお金を
使える」

「がんばった分だけ
お金が余る」
（余らないこともあるかもだけど！）

そう思うと、やりくりをがんばろうって、やる気も出てきます。
がぜん、お金を余らせたくなっちゃいますね！

でも、ほどよくが大事なんだよね。
余らせすぎ、やりくりがんばりすぎは、ダメだよね。

そうそう。
「使っていい貯金」があると思うと心に余裕ができるの。
「お金の余裕」は「心の余裕」になるね。

 ぽち。のぷちデータ　2022年1年を通じて勤務した給与所得者数は5078万人。その平均給与は458万円です。男女別だと、男性563万円、女性314万円となっています。

急な出費って、やっぱりあるよね？

友達の結婚式、お祝い、家電の故障、ケガ・病気、どうしてもほしいものがある……。想像もしていないタイミングで急にお金が必要になることがあります。

少額なら毎月の「生活費」「自由費」でまかなえるけど、金額が大きければ大きいほど厳しい。
「1か月分のお給料じゃ足りない！」なんてことも。

そういうとき、貯金体質前の私だったら、将来のためにコツコツ貯めていた「普通貯金」を切り崩してなんとかお金を用意していました。「せっかくここまで貯められたのにな」って、少しショックを受けながら。

でも今なら、迷うことなく「特別費貯金」を使います。
54ページでも紹介した「特別費貯金」は、使っていい貯金でしたよね？

「特別費貯金」があるからこそ、将来のために貯めている「普通貯金」を切り崩すことなく急な出費を乗りきることができるのです。必要なときに心おきなく使えるお金があるって、とても心強いですね。

高額な買い物をするときは、どうする?

①事前にお金を積み立てて用意する

「買うことをまだ我慢できる」「いずれ手に入れたい」ということなら、毎月お金を積み立てましょう。
「毎月貯められる金額から購入時期を決める方法」と、「購入時期から逆算して毎月の積み立てる金額を決める方法」があります。急な高額出費には対応できないけれど、ちょっと先を見据えた高額出費なら、計画的に準備しましょう。

②ボーナスに頼る

もらえる金額にもよりますが、ボーナスを使ってなら高額なものでも買いやすくなります。ボーナスがもらえる時期まで待てるか……というところが問題ですね。

③分割払いにする

利子がかかる場合はあまりおすすめしません!
でも、どうしてもすぐにほしい商品があるなら、分割払いを利用するのも1つの手ですね。利子がかからないローンもあるので(家電量販店では利子なしローンをよく見かけます)できる限り安く済むように検討することが大事です。

④特別費貯金を使う

54ページで紹介した通り。好きなように使ってしまいましょう。

⑤仕方なく普通貯金を使う

普通貯金を使うという選択も、ときには致し方ないのかなと思います。私は社会人2年目の春、急に車が故障して買い替えなければならなかったときに普通貯金を使いました。どうしようもないときは使うしかない。割りきろう。

デビットカードなら、使ったそのときに残高が減ります。口座残高以上の買い物はできないけれど、「使いすぎが心配」という人は利用してみてもいいかもしれません。

それぞれのしたいこと、やりたいことは？

人生は一度きり！

もし、貯めることばかりがんばっていて、突然明日人生が終わってしまったとしたら？
「あー、もっとお金を使えばよかった」って思うんじゃないかな？

逆に、お金を使いすぎた人がとても長生きしたら、
「もっと貯めておけばよかった……」となるかもしれないけれど。

どれだけ生きるかは誰にもわかりません。
だからこそ、今も大事だし、未来のことを考えるのも大事。
将来のためにお金を貯めることももちろん大切だけど、
毎日の生活にも"ほどよく"お金を使って、悔いのない人生にしたいですね。

先取り貯金をしていれば、たとえ「生活費」「自由費」を全額使いきっても、貯金はできていることになります。だって、先に貯めているのだから！

そしたら、手元にある「生活費」「自由費」は、何に使ってもオッケー！　自由に使っちゃいましょう。

好きなアイドルの推し活にお金を費やしてもいい。
パートナーとのごはんや旅行に使ってもいい。

「生活費」「自由費」の金額内で使いきっているなら問題なし！

何にお金を使いたいのかな？
ほしいものは何？
食べたいものは何？
行ってみたい場所、体験してみたいことは何？
ふたりの中で、やりたいこと、ワクワクすることをリストアップしてみたら、楽しい気持ちがふくらんで、ますます貯金をがんばれるふたりになれそうです。

「将来どうなりたいか」を想像しようとしても、あまりに遠い未来はピンとこないもの。そんなときは、期間を区切ってみるのがおすすめです。1年後、3年後、10年後くらいの自分なら、少しイメージもしやすいです。

働く理由ってなんだろう?

働く理由はもちろんお金を稼ぐため、貯金をするためでもあると思いますが、それ以外の理由も実はたくさんあると思います。

★仕事が好きだから。
★人とのつながりができるから。
★いろんな経験ができて人として成長できるから。
★誰かに感謝されることが嬉しいから。
★喜びややりがいを感じるから。

…など。

これが、私が仕事を続けている理由です。

でも、人生って何が起こるかわかりません。
思いもよらないような未来が待っているかもしれません。
そうなったときは、そのときの自分と相談して
仕事との向き合い方を考えていきたいです。

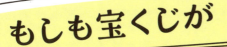
もしも宝くじが当たったら?

「一夜にして億万長者!」なんてこともあるかもしれない!
そうしたら、どうしよう?
旅行に行くのもいいな。
今までほしかったもの、買えるね。
仕事はどうしようか……?

働いてないと、家でダラダラして、
ごはん食べて、寝て、またごはん食べて、
スマホ見て……
みたいな毎日になりそうで、こわい。

働くのは、お金を稼ぐだけが
目的じゃないから、
私はやっぱり、自分の仕事も
大事にしていきたいです。
あなたはどうですか?

ぽち。のぷちデータ　今は自分が必要としないお金なら、寄付するという方法もあります。「World Giving Index（世界寄付指数）」（2022年）によると、寄付した金額で上位の国は、1位インドネシア、2位ミャンマー、3位オランダ。ちなみに日本は119ヵ国中103位です。

1 セクションファイル

ダイソーのセクションファイル。
値段はもちろん100円（＋税）！
貯金や生活費を入れている封筒・通帳をこのセクションファイルにまとめて保管しています。
ポケットが13個もついていて、たくさん収納できるところがとてもいいです。

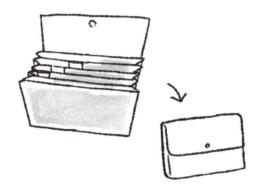

2 貯金封筒

お金を仕分けるための封筒（44-45ページ参照）。以前は100円ショップの封筒を使っていましたが、今はオリジナル封筒（初めての著書『今も未来も大切にするしあわせ貯金生活』のダウンロード特典）を使っています。とってもかわいいし、おすすめです。

小銭ケース

セリアのコインケースを使っています（プチプラ！）。
前までは小銭貯金用に使っていたので使用頻度は高かったのですが、今は小銭貯金をやめてしまったので使用頻度は低めです（大量の小銭の入金に手数料がかかるようになってしまったので、せっかくがんばって小銭を貯めても、預け入れのときに手数料をとられるなんて悲しくてやめました）。今は、急に必要になったとき用に、少しだけ小銭を入れて保管しています。

 ## 電卓

CASIO の黒い電卓を使っています。
価格は確か当時 1,000 円くらいだったかな？
大学生の頃に講義で使っていた電卓ですが、今では家計管理用に大活躍。
スマホの電卓機能よりも押し間違いが少なく計算しやすいので、できればちゃんとした電卓を1つ持っておくといいかも。押すときのボタンの感触、カチカチッという音、なんとなくやみつきになって、電卓を押したいから家計簿つけよう……みたいな気分になることも！

家計簿

38-39ページでも紹介した、オリジナル家計簿。
家計簿のファイルも無地のルーズリーフも、ダイソーで購入。
ルーズリーフへの印刷代を考えなければ、合計で200円ほどのプチプラ家計簿です。

 ## お財布

「共同生活費」用と、
自分の「自由費」用、
2つのお財布を持っています。
どちらのお財布も、安くはないのです。
1つはイル ビゾンテの2つ折り財布。
もう1つはサン ヒデアキミハラのコンパクト財布。
どちらも彼からの誕生日プレゼント。
価格はかわいくないですが、お財布がかわいいと楽しい気持ちになるし、貯金のモチベーションも上がります。
貯金自体が楽しいことのように思えてきます。
お財布のおかげで貯金をがんばれるのなら、案外コスパはよかったりして。
(素敵なプレゼントをありがとう)

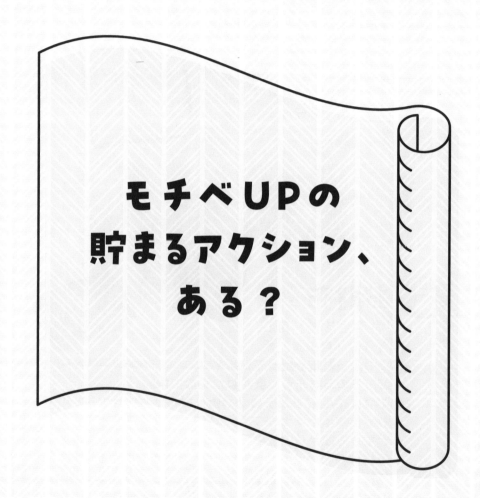

1 こまめに記帳

しばらく記帳してなかった……なんてことないですか？ 銀行でお金を預けたりおろしたりしたら、必ず記帳もセットで行うようにしましょう。
記帳しているときの、あの独特の機械音（？）が、まるでお金が増える音にも感じられて、うっとり。

2 通帳を眺める

貯金額がどんどん増えていく通帳を眺めていると「もっとがんばろう！」「もっとがんばりたい！」とやる気と闘志がみなぎります。貯金を始めたばかりで貯金額が少ないときは、「今が最低ライン。これからは上がるだけ！」と、自分を奮い立たせるためによく眺めていました。やる気に火をつけてくれる、地味に大事なアクションです。

手書きで預金残高を折れ線グラフに

わざわざ手間をかけて、貯金額を見える化。右肩上がりの貯金記録表を確認すると、「お、数年単位で見たら、増額している！」と気づけるかも（その逆もあるかもしれませんが）。右肩上がりの折れ線グラフになっていたら、それだけでニンマリ嬉しくなっちゃう。

 ## たまには自分にご褒美を

ずっとがんばり続けるのは難しい。
毎日がんばっているんだもん、たまには自分へのご褒美も買っちゃいましょう。

買うことで気持ちが明るくなるような、ほどよい価格のものがおすすめです。
ずっと食べたかったケーキ、気になっていたコンビニスイーツなど。
あなたにとってのちょっとしたご褒美は、なんですか？

5 自分で自分のことをほめる

毎日貯金をがんばっていることを一番わかってあげられるのは、誰でしょう？
そう、自分ですよ！
あなたですよ！
うぬぼれでもなんでもいいから、ほめてあげましょう。
貯金に関しては、自己肯定感、高めでいこう。

6 貯まった ポイントでプチ贅沢

いつのまにか貯まっていたポイントなら、自由に使っていいと思うのです。
こういうポイントほど、好きなことに使ったほうが幸福度が高くなる気がします。
買い物のついでに貯まったんだもの、日頃の自分をいたわる"プチ贅沢"に使っちゃいましょう。

2人以上の世帯における2023年の1世帯当たりの貯蓄現在高（平均値）は1904万円だが、約3分の2の世帯が、この平均値を下回っています。

インスタで
貯金アカウントを見る

インスタには貯金をがんばっている仲間がたくさんいます。
具体的に家計管理の内容を公開してくれている人も多いので参考になりますし、「この人みたいにがんばろう！」って前向きにもなれるはず。
間違っても自分と誰かを比べて、落ち込んだりはしないで（それだけ注意）！
人は人、自分は自分です。

 ## ほしいものリスト、
やりたいことリストを作る

お金が貯まったらほしいもの、やりたいことを妄想しながら、リスト化してみるのもおすすめ。
夢や妄想はどんどんふくらませるべし！　ワクワクは、生きるためのエナジー。

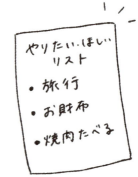

1年後の貯金額を予想してみる

毎月の先取り貯金額をもとに1年後、3年後、5年後……この先の貯金総額を計算してみてください！
1か月単位だとお金が貯まっていることをなかなか実感しづらいのですが、年単位で考えれば、「この調子でがんばればこんなに貯まるのか！」と嬉しくなるはずです。

インスタグラマーですが、わりと現金派です

私はあえて現金でやりくりしています。

使い方次第ではクレジットカードや電子マネーのほうがお得になることはわかっているのだけれど、クレジットカードや電子マネーの「知らないうちにたくさん使ってしまっていた現象」がこわすぎて、ダメなのです。

クレジットカードは、カード1枚を店員さんに渡すだけで会計が済んでしまうので、なんでも買えてしまう魔法のカードみたいに思えてきませんか？ 実際はお金を使っているのに、お金が減っていく感覚が少ないので、こわいんですよね。

実は、電子マネーに挑戦したこともあったのですが、無意識にどんどんお金を使ってしまっている自分に気づいて、おじけづいてやめました。

そんな私でも、毎月支払わなければいけない家賃、公共料金、通信費の支払いはクレジットカードを使ってポイントをゲットしています。ネットショッピングの支払いも手数料がもったいないのでクレジットカードを使うことが多いです。

どちらがいいとか悪いじゃなくて、自分が心地いいと感じる方法を、選べばいいのかな？

ちなみに、クレジットカードを使うときには、マイルールを決めています。

ルール1 生活費からお金を使ったことにする

クレジットカードで物を買ったら、その金額分のお金を「生活費」から抜いて、クレジットカードの引き落とし口座に入金するようにしています（クレジットカードで支払った出費も現金で支払ったときと同じように家計簿に記入）。「今月使った分は来月のお給料から払えばいいか」なんて思っていると、知らないうちに使いすぎて、引き落としできなかった、なんてことになりこわいですから（絶望）。

ルール2 カードは1枚だけ

たくさんカードがあると、どのカードで何の支払いをしたのかわからなくなってしまうので、カードは1枚しか持たないと決めています。支払い金額の把握がしやすいですよ。

今さらだけど、チラシや広告をチェックしよう

その1：チラシの左上をチェック
おすすめの商品は一番目につきやすい左上部に大きく書いてあることが多いみたい。
お店側の売り出したいお買い得商品はチェックしておきましょう。

その2：価格のフォントが他とは異なる
わざわざ目につくように、他とは異なるフォントで価格表記されている商品は、お店イチオシ商品。要チェックです。

その3：ポイント○倍 day
お買い上げ金額ごとにもらえるポイントが多い日を見逃さないように。
ポイントが多くもらえる日は絶対にチラシにも記載されているので、要チェックです。

△…ちなみに、スーパーって毎日いろんな商品を「お買い得」にしています。「お買い得商品があるから！」が理由で出かけたら、毎日買い物に行くことに……それって、無駄な出費にもつながりかねません。チラシをチェックしつつ、スーパーに行く日を見定めるのも大事ですね◎

案外、お店のチラシや広告、スルーしてません？お得な情報満載なので、一度、じっくり見てみてね。

チラシアプリも活用してみよう

「電子チラシアプリ」は好きなときにいつでもどこでもお買い得商品を確認できます。複数のスーパーの価格を見比べることも！

おすすめアプリ

● **Shufoo!（シュフー）**
新聞を取っていなくても無料でチラシを見られるところが嬉しい。たくさんの店舗に対応しているのも便利です。

● **LINE チラシ**
なじみのある LINE のアプリ。特売情報が LINE で送られてきます。送られてきた情報を確認するだけだから、楽ちん。

● **スーパー専用アプリ**
よく利用するスーパーにもないか確認してみてください。

私が利用しているアプリでは、チラシがチェックできるだけでなく、ポイントをゲットできるゲームも不定期で行われています。そのおかげでポイントが多く貯まって、お得にお買い物ができています。

お買い得日を見逃さない!

曜日によってお買い得日を決めているスーパーもあれば、「毎月『5』のつく日はお買い得デー」のように、日にち・数字によって決めているスーパーもありますよね。

近所にあるスーパーのお買い得日は、把握しておけば節約につながります。
さぁ、今すぐチェックしてください。

私は、「もうそろそろ買い物に行かなくちゃいけないな」と思ったときに、よく行くお気に入りのスーパーのお買い得日がいつなのかを考えます。
お買い得日が明日なら、買い物は明日にします。
お買い得日が明後日なら、買い物は明後日まで待ちます。

お買い得日が今日ではないけど、どうしても今日買わなくちゃいけないものがある場合は、その日に一番安売りをしているスーパーを選びます。

けれど、
「絶対にお買い得日にしか買い物をしない」と決めてしまうと、とてもしんどい！

だから、ここでも私らしく、ゆるーく、ルールをくずしてます。

出かけたときに近くにちょうどいいスーパーがあったら、ついでにそこで買い物を済ませてもいいですよね。そのときの気分で、お買い得日とは関係なくスーパーを選ぶこともあります。

節約のためにと自分で決めたルールで、自分自身を苦しめないように気をつけています。

> ぽち。のぷちデータ
>
> 節約のために、減らすのではなく「買うことをやめる」という方法もありそうです。お茶、お菓子、お酒などの嗜好品、なんとなく買い足していた調味料など。あるといけど、なくても困らないもの、レシートを見つめてみて、気づきませんか？

「節約」といえば
やっぱり、
「自炊」でしょ？

Let's enjoy cooking!

節約を意識したら、まずは「自炊」の回数を少しでいいから増やしてみて。だんだん慣れてくると、自炊も悪くないなぁと思えるように。

そうすると不思議なことに、「外食やコンビニ食」と「自炊」を天秤にかけたとき、「ランチに800円払うくらいなら、自分で作ったほうがダンゼンお得だよね？」と、納得できる着地点が、すこーしずつ、見えてくるんです。

Original bento

自炊のモチベUPのアイデアいろいろ

ハンバーグ

ひき肉が安売りのときにまとめて大量に作っておきます。
シンプルなハンバーグを作って冷凍しておいて
食べるときにアレンジするのがおすすめ！
煮込み、和風おろし、きのこあんかけなどなど……。
簡単なアレンジで"手抜きに見えない"手抜き料理の完成！

材料
ひき肉、玉ねぎ、卵、パン粉、牛乳、塩、こしょう、片栗粉、水、サラダ油

作り方
①玉ねぎを塩、こしょうで炒めて冷やしておく。
②ボウルにひき肉、先ほど炒めた玉ねぎ、卵、パン粉、牛乳、水溶き片栗粉、塩、こしょうを加えて粘りが出るまでこねる。
③いったん冷蔵庫で寝かせる。
④フライパンにサラダ油をひいて強火で表面を焼く。
⑤表面に焼き色がついたら裏返してフタをして中に火が通るまで中火で蒸し焼きにして完成。冷めたら、容器に入れて冷凍保存。

1 「超！」時短レシピがいい

忙しいとき、疲れているときに料理なんて無理すぎる。
そういうときこそ手抜きでしょ？
冷凍の作りおきのストックがあれば、温めるだけ、焼くだけで、できあがり！

ミートソース

ミートソースも大量に作っておくと便利です。
王道のパスタだけじゃなくて、ドリアやグラタンにも使えちゃう。
贅沢に炒めものに入れちゃうのもおすすめ。

材料
ひき肉、玉ねぎ、トマト缶、にんにく、ケチャップ、ウスターソース、コンソメ、砂糖、オリーブオイル

作り方
①フライパンにオリーブオイルをひいて、みじん切りにしたにんにくを軽く炒めたあと、ひき肉とみじん切りにした玉ねぎを加えて炒める。
②①にトマト缶を加えて煮込み、調味料で味を調えて完成。冷めたら、容器に入れて冷凍保存。

下味冷凍（肉・魚）

お肉や魚に調味料を加えて冷凍しておくと手抜きができちゃいます。
食べたいときに解凍して焼くだけで完成。
味のレパートリーは、生姜焼き、味噌漬け、塩だれ、塩こうじ漬けなどなど。

ぽち。のぷちデータ 冷凍庫に作りおきのおかずをつめるときは、できるだけパンパンにつめましょう。食材同士が保冷剤の役目をはたしてくれるので、節電効果がアップします。ただし、冷蔵庫の場合は真逆で、食材どうしの間をあけて冷気を通すほうが節電効果アップです。

自分の好きなものがいい

自分が食べたいものだったら、自炊でも「がんばろう」って思えるものね。
そんなときは、栄養バランスとか、そういうのはスルーして！

私はしゃぶしゃぶが好きで、"蒸し"しゃぶも大好き！
自分が好きなものなら多少疲れていても作れちゃうから不思議。
自分の好みを叶えつつ、ヘルシーなものも食べたいというダンナ（筋トレが趣味）の要望もちゃっかりと叶えられる1品です。

材料
好きな野菜（もやし、ねぎ、白菜、キャベツ、にんじん、水菜、エリンギ、しいたけなど）
好きな肉（しゃぶしゃぶ用の肉、豚こま肉、肉団子、鶏もも肉など）
好きなたれ（手作り、市販でも！）

作り方
鍋やフライパン、ホットプレートなどに野菜、肉の順番でつめ込んで、お酒をひとふりして蒸して、好きなたれで食べるだけ。

おすすめポイント
もやしとお肉だけでもおいしい簡単料理。
好きなものだけつめ込んで、自分と彼好みの一品にするといいです。
鍋やフライパンごと食卓に出してもOK。

彼の好きなものがいい

「自分のためにはがんばれなくても、誰かのためなら楽しくがんばれる」というときもあるかも？
食べてくれる人の顔を思い浮かべてみたら、モチベーションも上がるかな？　彼だけではなくて、家族や友達に喜んでもらえるなら、自炊もちょっとは楽しくなるね。

チキン南蛮

衣をつけたり、揚げたり、たれをからませたり、タルタルソースを作ったり。
調理工程が多くてなにかと作るのが大変なチキン南蛮。
でも、作るのが大変な分、おいしい…そして、彼がとても喜んでくれる。
せっかくなら喜んでほしいので、たまに気合を入れて作ります。

オムライス

オムライス好きの人って多い気がします。
けれど、卵を焼くときの火加減って難しいもの。
かための卵、とろとろの卵、おしゃれなドレスドオムライス、半熟のオムレツをのせたオムライスなど。
そのときの気分、彼の要望に合わせて。
彼とケンカしたときこそ、彼の好きなものを作ります。

 日本人1人あたりの年間鶏卵消費量（2022年）は、339個で世界2位。ちなみに1位はメキシコ（392個）、3位はアルゼンチン（322個）。卵かけごはん、釜玉うどん、すき焼きに欠かせない生卵が食べられるのも、生食を前提とした厳しい生産体制のおかげなのです。

4 お気に入りの調理器具や食器がいい

自炊のハードルを上げているのは、「ちょっと、嫌だな」という小さな不満かも。
「何となくつかみにくい」「洗いにくい」「重すぎる」「柄がなんとなく嫌」など。
惰性で使っているものを「これ使ってみたい！　かわいい！」ものに買い換えてみては？
お気に入りの食器に料理を盛りつければ、気分もUP。
同じ料理でも食器を変えるだけでごちそうに見えますよ。

5 ネットでレシピ検索がいい

「こんな料理を作りたい」「これを食べたい」って、見ているだけでワクワクしてきます。
素敵な盛りつけのレシピもあるので真似をしながら楽しく料理ができたら最高！

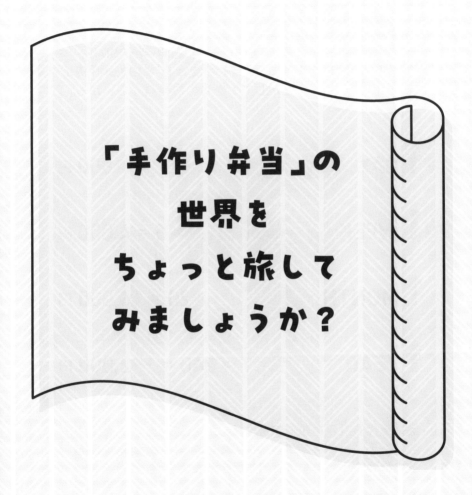

毎日外食やテイクアウトしていると、どうも出費が多くなりがち。余裕があるときだけでも、お弁当を持参できたら最高ですね。

たとえば、ランチ1回800円として、
1週間（平日5日間）なら、800 × 5日間 = 4,000円。
それが1か月続いたら、4,000円 × 4週間 =16,000円。
それが1年続いたら、16,000円 × 12か月 = 192,000円！
192,000円って、もしかして1か月のお給料くらいかも。

1 DAY　　　　　　　　　　　　　　　　　800 円

1 WEEK　　　　　　　　　　×5 = 4,000 円

1 MONTH　　　　　　　×20 = 16,000 円

1 YEAR　　　　　×240 = 192,000 円

ランチ代も「年単位」で見える化すれば、自炊や手作り弁当のモチベーションアップになります。手作り弁当こそ、節約の味方（とはいえ、"力尽き"には要注意！）。

がんばりすぎないのが、ぽち。流の貯金や節約のポイント。そこで、作る気力ごとにレベル分けして、妥当なお弁当レシピをざっとご紹介します。

手作り弁当 レベル4
「やる気十分！どんとこい！」

【食欲増しまし！彩り唐揚げ弁当】

唐揚げ
あえて手間暇かけた揚げものを！しっかりめの味つけで食欲増進。

ウインナー
タコさんにするのがポイント。

おにぎり
梅と鮭の2種類。「どっちから食べよう？」と考えるワンアクションがあるだけで、テンション上がります。

卵焼き
甘めだったり、しょっぱめだったり、味つけはその日によっていろいろ。

きんぴらごぼう
お弁当のきんぴらごぼうって、地味だけど美味。

ブロッコリー・ミニトマト
緑黄色カラーで、元気が湧いてくる。

手作り弁当 レベル3
「やる気はまぁまぁ。とりあえず作るか」

オムライス
チキンライスはミックスベジタブルを使って。上にのせる卵はレンチンでとても簡単に作れます。

丼もの
（親子丼、豚丼、3色丼など）
ごはんに具をのせるだけだから比較的短時間でできます。

焼きそば
具材を切るのは少し手間ですが、切ってしまえばあとは市販の麺と一緒に炒めるだけなのでラクチンです。

ハヤシライス
カレーライスよりも少ない食材で作れるので、やる気が微妙なら断然ハヤシライス！

手作り弁当 レベル2
「やる気ないけど。ちょっとはがんばれる」

サンドイッチ
市販のジャムやクリームを塗るだけでもいいですし、卵、ハム、野菜など、具材たっぷりにすればサンドイッチだけのランチでも十分なボリュームに。

和えるだけパスタ
市販のパスタソースを和えただけのパスタなら作るのがとても楽です。

そうめん、そば、うどん
ゆでた麺と好きなつけだれを持っていくだけの簡単ランチ。麺を汁につけて食べるスタイルのほうがのびないのでおすすめです。麺は一口サイズに丸めておいたほうがくっつかずに食べやすいですよ。
気分によって薬味などの具材（ねぎ、わさび、生姜、チャーシュー、メンマ、ゆで卵など）も持っていきましょう。

2003年6月に公益社団法人日本べんとう振興協会が毎月10日を「おべんとうの日」に設定しました。慣れないうちは「まずは月に1回」と決めて、お弁当作りにチャレンジでも十分です。毎月10日だけ、とりあえず始めてみませんか？

手作り弁当 レベル1
気力、体力、やる気ゼロ

具材アレンジ①
塩こんぶ×ごま
プチプチのごまがアクセントに！

具材アレンジ②
おかか×しょうゆ
和風の定番。王道の組み合わせ。

具材アレンジ③
枝豆×しらす干し
枝豆の食感で食べ応えあり。たんぱく源になるような具材は、立派なおかず！

具材アレンジ④
鮭×マヨ
地味な鮭にマヨを合わせれば、洋風アレンジで満足度アップ。

具材アレンジ⑤
唐揚げ×マヨ
前の晩の残りものだって、無駄にはしません。カロリー爆弾だけど罪なくらいおいしい。

具材アレンジ⑥
プロセスチーズ×ハム
チーズ好きにはたまらないおにぎり（私は苦手だけど！）。

おにぎり10連発！

＋αのなんちゃってアレンジで乗りきろう。
お米は、日本人にとってまさに"神"食材。
しかもおにぎりは、入れる具材を変えるだけで、
いろんな味が楽しめちゃうスーパーフード。
おなかにもたまるし、活力にもなります。

具材アレンジ⑩
塩のみ
おかずがしっかり味のときは、シンプルな塩むすびが最高。
具材に迷う、あるいは、入れるものが何にもないときは、塩だけでもOK。気持ち多めにまぶすのがコツ。保存効果もあるし、冷めてもちょっと濃い味くらいがおいしい。

具材アレンジ⑨
高菜×ベーコン
塩×塩！　背徳の塩気でパクパクが止まらない。

具材アレンジ⑧
梅干し×大葉×ごま
梅干しだけでもいいのだけれど、そこに大葉とごまが入るとさらにおいしくなる！

具材アレンジ⑦
かにかま×コーン
見た目も彩りよく、きれい！

おにぎりに合うもの、何がある？

おにぎりだけじゃイマイチ……そんなときは、こんな"おにとも"（おにぎりのお友達おかず）を合わせてみては？
ランチタイムに「おかずだけ買う」という選択肢も good！
おにぎりだけは手作りしている、そんな自分をほめましょう。

おにとも 其の1 スープ

スープジャーに入れて持っていくのがおすすめ！市販のカップスープ（スープ春雨など）を持っていくのもいいですよ。小分けにパックされた春雨スープ（熱いお湯を注げばすぐ食べられる）もあります。食べる直前にスープジャーに入れれば、できあがり！

おにとも 其の2 サラダ

野菜を切って（手でちぎっても◎）、お弁当箱につめるだけなので簡単。
きゅうり、にんじん、セロリなどは水けもないのでお弁当向き。スティック状に切ると食べやすいです。
小分けにされたマヨネーズやケチャップなどがあれば満足度もアップ。

おにとも 其の3 ゆで卵

何かのついでに多めにゆでておきましょう。余力があれば麺つゆやウスターソースに漬け込んでおけば、立派な味つけ卵！ どんなおにぎりにもよく合います。

おにとも 其の4 お茶漬け

市販のお茶漬けの素を持参しましょう。おにぎりはスープジャーに入れておきます。
お湯を注ぐだけで、アッツアツのお茶漬け弁当のできあがり！
野菜、肉、魚などもスープジャーに入れておけば豪華なお茶漬けができますよ。

おにとも 其の5 カップ麺

インスタント食品の王様といえば、これ！おにぎり×カップ麺は、炭水化物がダブルになりますが、たまにはこんなパンチが効いたお手軽ランチもありでしょう。

お弁当の食材をついたくさん買い足したりすると、外食のほうが安上がりのことも。デスクワークの時間が長い人は、外食ランチしたほうが息抜きにもなって午後の仕事の効率も上がりそう。お弁当もゆる〜いルールでね。

ふたりで食べたら元気が出るレシピ4つ

これを食べたら、なんとなくふたりとも元気になれる。そんな料理をご紹介。

テッパンレシピ 其の1 海鮮丼

酢飯に海鮮をのせるだけでごちそうになるなんて素敵すぎる。
海鮮は特売の安いもので大丈夫。特に産地と部位を選ばなければ、まぐろやサーモンは比較的安価で買えるのでおすすめ。
海鮮の種類を変えたり、海鮮の他にも具材を足したりしてアレンジするのもいいです。

相性バツグンな組み合わせ

まぐろ＋とろろ
のどごしがする〜りなめらかなのがいいんです。

まぐろ＋シーチキン＋きゅうり
ダブルツナ！だけどきゅうりでさっぱりに。

まぐろ＋たくあん
カリカリ、ポリリな噛み応えがいいね。

サーモン＋卵黄
カルボナーラ的なあのとろける感じ？

サーモン＋アボカド
ハズレなしのマッチングといえばこれ！

テッパンレシピ其の2 手のせ寿司

材料
・酢飯　・のり
・好きな具材
　（海鮮もの、ツナ、ひきわり納豆、卵焼き、きゅうり、かいわれ大根など）

作り方
① 酢飯を作る。
② のりで酢飯を巻いてのり巻きを作る。
③ のり巻きを一口サイズに切る。
④ ③と具材を食卓に並べる。
⑤ ③に好きな具材をのせて、しょうゆをつけて食べる。

具が入っていないのり巻きを事前に作っておき、
一口サイズに切ったのり巻きに好きな具材をのせて食べるお寿司のこと。
見た目もとてもきれいで、お手軽に作れます！
具なしののり巻きに具材をのせるって、斬新で面白いでしょ？
いろんな具材を用意すれば、安価でも、おもてなし料理になっちゃう。

テッパンレシピ 其の3 肉と野菜のオーブン焼き

材料
- 好きな野菜
 （じゃがいも、にんじん、ブロッコリー、ミニトマト、なす、エリンギ、パプリカなど）
- 好きなお肉（鶏もも肉、豚ばら肉、ウインナーなど）
- オリーブオイル
- 塩、こしょう（ハーブソルトなどもおいしい）

作り方
① 肉、野菜を食べやすい大きさに切る。
② オーブンの天板にクッキングシートをしいて材料を並べる。
③ オリーブオイルと塩、こしょうをかけてオーブンで焼く。

ぽち。お得意の、好きな食材を好きなだけ使って簡単に作る料理。
"好きなものを好きなだけ"って、やっぱり最高！
鶏肉好きの彼には、特に喜んでもらえる一品。
味変でおろしポン酢もおいしいですよ。

テッパンレシピ 其の4 鍋料理

食材を切って煮るだけ。料理する気力がないときや野菜をたくさん食べたいときはこれしかない。

相性バツグンな組み合わせ

塩ちゃんこ鍋＋海鮮
塩ちゃんこ鍋と海鮮は最強。鍋用の海鮮などがセットで売っていたりするのでうまく活用したい。

キムチ鍋＋餃子
野菜たっぷりにしたキムチ鍋の主菜は餃子！ 市販の餃子を入れるだけでも十分です。

ミルフィーユ鍋＋おろしだれ
白菜と豚肉を重ねて煮るだけの簡単料理！ しょうゆベースのおろしだれなら、あっさり効果でモリモリ食べられる。

水炊き＋ポン酢 or 梅だれ
安売りの鶏肉で簡単に作れる水炊き。あっさりとしたポン酢や手作りの梅だれ（次ページ参照）がとっても合う！

我が家一番のテッパン鍋料理は「しゃぶしゃぶ」！ おばあちゃん秘伝のたれが本当においしくて、しゃぶしゃぶを食べるときは必ず作ります。これさえあれば野菜が無限に食べられる！ 最近は梅酢（梅干し作りのときに出るエキス）を使ったたれにもハマっています。

しゃぶしゃぶ＋秘伝のたれ
好きな野菜を入れて煮るだけのしゃぶしゃぶって、おいしいのに手軽で最高！ おばあちゃん秘伝のたれ（次ページ参照）が絶品で、しゃぶしゃぶはこれがないと始まらない。

梅だれ

「簡単においしく作れるのでおすすめです!」

材料（1人分）
- 梅酢……大さじ2
- 麺つゆ……大さじ1
- 砂糖……小さじ1
- 水……大さじ3

作り方
材料を全部、混ぜるだけ!

おばあちゃん秘伝のしゃぶしゃぶのたれ

材料（5～6人分、約600ml 分のたれができます）
- 白ごま（すりごま）……大さじ3
- 味噌……50グラム
- 上白糖……50グラム
- 生姜（チューブ）……大さじ1
- にんにく（チューブ）……大さじ1
- 濃い口しょうゆ……200ml
- 穀物酢……100ml
- 本みりん（みりん風調味料）……100ml
- だし汁……100ml
- ごま油……大さじ2

作り方
白ごま、味噌…と、順番に混ぜるだけ!

ポイント
- 自分でごまをするほうが、香りが出てもっとおいしくなります。
- しょうゆは少しずつ加えて味噌がだまにならないように注意。少しずつ加えるのがいいんです。
- 本みりんを使う場合はレンチンすると、アルコールのにおいが気にならなくなります。
- お好みで一味唐辛子を足すのもおすすめ。食べている途中の味の変化も楽しい。
- にんにくじょうゆ（生のにんにくを漬けたしょうゆ）があればさらにパワーアップ。ちょい足しで味に深みが出ます。

都道府県別の1日あたりの食事時間（2021年）。1位は山梨県と長野県（1時間45分）。3位は秋田県（1時間44分）。最も時間をかけないのは、45位の北海道、香川県、沖縄県の3県（1時間34分）。全国平均は1時間39分。

自炊にあったらいい お助け食材ベスト10

スーパーで「何か買い足すものないかな？」と思ったら、必ずこれらの食材を買い物カゴへ。節約の強い味方です。

お助け食材① ツナ缶

いろんな食材と相性バツグン！ サラダ、和えもの、炒めものに混ぜるだけで満足感がアップ。麺料理のメイン具材にもできるので、冷蔵庫の食材が少ないときの救世主になります。

お助け食材② コーン缶

缶を開けてすぐに使えるお手軽さだけでなく、料理の彩りがよくなるところが魅力。イマイチぱっとしないときはコーンに頼ろう。

お助け食材③ 乾燥わかめ

味噌汁に加えたり、和えものにしたり。食物繊維もたっぷり簡単にとれます。

お助け食材④ かつお節

ごはん、炒めもの、サラダにパラパラするだけで、いろんな料理のアクセントになります。常備しておきたい食材。うまみもよいです。

お助け食材⑤　乾麺

そうめん、うどん、そば、パスタなど。家に食材がぜんぜんないとき、調理が面倒くさいときの救世主です！味つけに迷ったら、お気に入りのオイルとふりかけで和えれば問題なし。

お助け食材⑥　チーズ

チーズは冷凍しておくのがおすすめです。料理にボリュームがないときはチーズを使っておかずを作れば満足感が増します。

お助け食材⑦　豆腐

豆腐の中でも、比較的日持ちがする充填豆腐がおすすめ（コンパクトサイズの豆腐が3つセットになっているもの）。冷奴にして品数を増やしたり、味噌汁に加えてボリュームアップしたり。天かす、生姜とねぎ、キムチとごま油、梅干しとかつお節など、のせる具材によってアレンジ無限で飽きません。

お助け食材⑧　玉ねぎ

いろんな料理に使える万能野菜。常備しておくとよいです。炒めもの、汁もの、サラダなどにもってこい。一品のボリュームをアップしてくれます。

お助け食材⑨　じゃがいも

玉ねぎに引き続きこちらも万能野菜。常備をおすすめします。レンチンしたじゃがいもに、バター×塩（しょうゆや味噌もいい！）、とろけるチーズをのせれば、おなかがふくれるボリューミーな1品に！

お助け食材⑩　豚こま肉

比較的安価な豚こま肉。豚こま肉があれば生姜焼き、ポークチャップ、豚汁など、ちゃちゃっとメイン料理を作れるのでとても助かります。冷凍庫にあると安心。

「見切り品」は、賞味期限が近く早く売りたい商品。「おつとめ品」は、大量仕入れなどで低価格にできた商品。「訳あり品」は、質は問題なしでも傷や型落ちのため割引価格にしている商品。値引シールにつられたら、それぞれの意味を思い出すと賢く食品を選べます。

節約の地味なサポーター マイバッグを忘れない

マイバッグ持参が節約になるのは、当たり前かもしれませんが、換算して見える化すると、ちょっと驚いてしまうほど。仮に、レジ袋1枚3円で計算してみましょう。

毎週1回（※）レジ袋を購入すると、年間約 144 円。
毎週3回レジ袋を購入すると、年間約 432 円。
毎日レジ袋を購入すると、年間約 1,095 円。
10 年間購入し続けたら、10,950 円。

10 円以下の金額もバカにできないなと
しみじみ感じます。
エコ・節約のためにも、マイバッグは
いつも持参しておきたいですね。
（※）1か月＝4週で換算。

私が使っているのは「トートタイプ」「折り畳みタイプ」「保冷もできるレジカゴバッグ」です。うっかり忘れてレジ袋を買ってしまったら……一度使っただけで捨てるのはもったいないから、ゴミ袋としてフル活用！

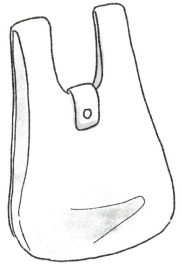

おすすめのマイバッグ

①トートタイプ

物の出し入れが楽！
シンプル、カジュアルなデザインのものは普段使いもしやすい。

②折り畳みタイプ

軽量なものが多く持ち運びが楽。
メインのカバンに入れていても邪魔にならないので常備用に向いている！

③保冷タイプ

氷、アイス、冷たいドリンク、お刺身やお肉など、暑い季節の買い物の強い味方！

④レジカゴタイプ

スーパーのカゴにぴったりサイズに作られているのでたくさん買い物するときにgood。レジで店員さんが袋につめてくれるのも嬉しい。ご時世的にも自分でつめる機会も増えたけど。

⑤リュックタイプ

重い荷物のときに便利！ 両手が空くのがリュックタイプのよいところ！

2020年7月1日から始まったレジ袋の有料化。環境省が同年11月に実施した調査によると、調査期間直近1週間以内でレジ袋を使わなかった人は71.9%。同年3月の30.4%から2倍以上に増えました。51.9%の人がマイバッグをいつも携帯していると回答しています。

やっぱり、いいね！
No Money Day

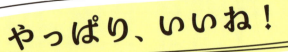

NMD（No Money Day）は、その名の通り……

お金を使わない日だよ！

試しに1か月に1日、慣れてきたら10日に1日……意識して「NMD」を作ってみては？
「お金使わないで、何ができるの？」と思うかもしれませんが、ちょっと見方を変えるだけで、できること、楽しめること、味わえることはたくさん！　何より自分の頭で考えて動けるようになるから、すごい「自信」になりますよ。
がんばりすぎて、翌日に使う額が増えすぎないように、それだけ注意してくださいね。

NMDのこんないいことあれこれは
次ページに……。

 都道府県別の平日における平均起床時刻（2021年）。一番早いのは青森県（6時17分）、一番遅いのは東京都（6時59分）。全国平均は6時38分。

家計管理が楽になる

「お金を使わない日＝お金の動きがない日」ということなので、家計簿に出費を記入する手間がなくなります。

家でゆっくり過ごす時間が増える

本を読む、録りためていたテレビの録画を見る、家族とゆっくり話すなどなど、家時間を自分をいたわる時間にしましょう。

お金がピンチ！ 誰にでも、こういうことあります。でも、工夫と気持ち次第で楽しく暮らせるもの。
「私はやりくりが下手でダメだな」なんて悲観したり、自分を責めたりしないで。お金がないからこそ「どうやって楽しく過ごそうか？」と考えること、行動することが大事じゃないかな？ 毎日を楽しく過ごしている人は、何事も前向きに考えるのが上手な気がします。

がんばっている実感が湧く

NMDが多い分だけ、貯金をがんばっている実感が湧きます。

「つい買ってしまったぁ」を防げる

お店に行く機会があれば、不要なものまで買う機会を自ら作っているようなもの。

ゲーム感覚で楽しめる

「今月の NMD は 15 日。ミッションクリア！」みたいな感じで達成感を味わいながら実行するのがおすすめ。
スーパーの特売日みたいに「毎月 3 がつく日は NMD」と決めるのもいいかも。

家にあるものでなんとかなる

「家にあるものだけで、なんとかする！」という感覚に近いです。特に食材は、買い足さなくてもなんとかなることが多いもの。家にあるものでやりくりすれば食品ロスも減りますよ。

誘惑と戦う機会を減らす

誘惑・欲と戦うのは疲れます。「お店という名の戦場」に行かないのは賢い選択。

 テレビ・ラジオ・新聞・雑誌に費やす時間を都道府県別に比較（2021年）。北海道が 2 時間 35 分と最も長いです。次いで愛媛県（2 時間 32 分）、青森県（2 時間 29 分）となっています。最も短いのは東京都が 1 時間 46 分で、次いで滋賀県（1 時間 50 分）、長野県（1 時間 58 分）です。

NMDな休日
(たとえばこんな感じ)

1　おうち映画

テレビで放送されている映画、サブスクで気になっていた映画を観る。
以前見たDVDや録画をもう一度観てみる。

2　ひたすら家でダラダラする

好きなだけ寝たり、スマホをいじったり。

3　おうち筋トレ　おうちストレッチ　おうちヨガ

"おうち●●"づくしにしよう。家でやるならお金もかからないし、健康的だし、いいことばかり。YouTubeの宅トレ動画を見ながらやるのもおすすめ（無料なのが本当にありがたい）。

4 メイク研究

"持っているコスメで"というのが大前提！ 新しいコスメを買うのは今度にしようね。

5 ひとりファッションショー

こちらも"持っている洋服で"が大前提。あまり着ていなかった洋服の魅力に気づいたり、意外な洋服の組み合わせにテンションが上がります。

6 友達と長電話

アプリの無料通話を利用して長電話。楽しみながら時間をつぶせるね。

ぽち。のぷちデータ　都道府県別の1日当たりの睡眠時間（2021年）。一番長いのは青森県（8時間8分）、一番短いのは神奈川県（7時間48分）。全国平均は7時間54分。

7 掃除

お金はないけど時間はある。そんなときこそ大掃除をして家をきれいにしてみては？よい運気が巡ってくるかも！

8 断捨離

断捨離にお金はかからない！「こんなに不要なものを買っていたんだ……」ってこれからの節約意識が上がるかも。

9 あるものだけでごちそうを作る

冷蔵庫・冷凍庫・棚の奥底に眠っている食材を探してみて！　食品を買いに行かず、あえて家にあるものだけでごちそうを作るゲーム感覚でやってみよう。

10 家計管理を じっくり 見直してみる

お金がかからないどころか、お金が貯まるようになる絶好のチャンス！

11 やりたいこと リストを作る

いろんなやりたいことを書き出してみて！ お金があったらやりたいことを書いてみると今後の励みになるかも。

12 お気に入りの 本を読み直し てみる

持っている本を読み返すのはお金がかかりませんよね。再び読めば以前とは違う発見があって面白いもの。最初から最後まで雑誌の通読にチャレンジするのも◎

ぼちのぷちデータ　趣味や娯楽についての調査（2021年）。男女ともに「CD・スマートフォンなどによる音楽鑑賞」が最も高く、男性が53.3％、女性が53.7％。次いで「映画館以外での映画鑑賞」が男性53.0％、女性が52.4％などとなっています。

13 図書館に行く

無料でいろんな本を読めたり借りたりできるので、お金がないときにぴったり！ 貯金や節約に関する本もたくさんあります。ちゃっかり読んで知識武装しましょう。

14 お散歩する

気分転換になるし、エクササイズにもいいのでおすすめです。彼とふたりで話しながらの散歩は最高に楽しい。

15 ウィンドウショッピングを楽しむ

見るだけです、見るだけ！ たとえ買わなくても彼とふたりでならぶらぶらウィンドウショッピングもいい感じ。

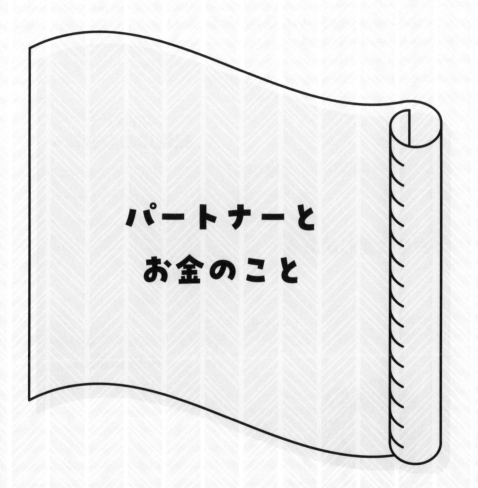

パートナーと
お金のこと

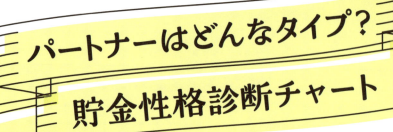

パートナーはどんなタイプ？
貯金性格診断チャート

お金に関心がある

── はい → なんでも完璧にこなしたい

── いいえ → 誘惑に弱い

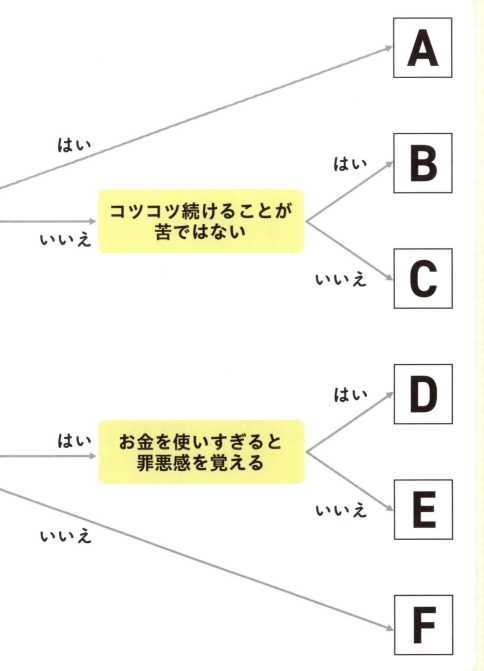

夫婦の平均初婚年齢は夫が30.7歳、妻が29.1歳。平均交際期間は4.3年。出会いのきっかけは職場や友人を介した結婚が減り、SNSやマッチングアプリを利用して知り合った夫婦が13.6%を占めます（2021年）。

きっちりこなしたい
完璧主義者タイプ

お金に関心があり頼りがいもあるしっかり者。一方、「絶対にこうしなければいけない」という意固地なところが、パートナーを苦しめる可能性も。

 ### ここが素敵

家計管理に協力的。お金について理解がある。家庭のお金を守ってくれる。貯金上手。

 ### ここに要注意

相手の無駄使いが気になる。悪く言えばケチ。完璧主義者だからこそ1つの失敗で心が折れる。

 ### うまくやっていくコツ

協力しながら、ふたりでがんばることが大事。完璧にがんばることがはたしてふたりの幸せなのか、ある程度は妥協してお互い歩み寄る努力も必要。とはいえ、努力してくれているパートナーへの感謝は忘れないで。

マイペースでコツコツタイプ

「完璧は無理だけど自分のできる範囲でコツコツがんばるよ」というタイプ。ただし、ペース配分を間違えると「スローペースすぎて貯まらない」or「ハイペースすぎて挫折」に。

 ここが素敵

地道に努力ができる。柔軟にお金について考えられる。

 ここに要注意

よくも悪くもマイペースで、知らぬ間にパートナーを置き去りにすることも。

 うまくやっていくコツ

ふたりにぴったりの貯金ペースやルールを見つけよう。それぞれのペースで貯金をがんばることも悪くないけれど、「自分ばかり貯金をがんばってる」と片方の不満だけが増えないように注意して。

面倒くさがりだけど伸びしろありタイプ

コツコツがんばるのは得意ではないけど、お金に関心はある。自分に合う家計管理方法を身につければ貯金できるようになるタイプ。

 ここが素敵

お金に関心がある。がんばりたい気持ちは持っている。

 ここに要注意

面倒くさがり屋さん。

 うまくやっていくコツ

お金に関心があることがこのタイプのすばらしいところ。貯金がうまくいっていないのは、「面倒くさい」「やり方がわからない」という理由から。つまり、自分にぴったりな貯金方法さえ見つけられたら貯金上手さんになれちゃう！

いずれがんばる いつかやろうタイプ

誘いなどの誘惑を断ちきれず、出費を重ねてしまい罪悪感を覚えるタイプ。まずはお金について知ることから始める。

 ここが素敵

誘いを断れない優しいところ。いつかはがんばろうという気持ちを持っているところ。

 ここに要注意

流されやすい。誘惑に弱い。主体性がない。自分がない。

 うまくやっていくコツ

「明日からがんばろう」というタイプなので貯金はあと回しにしがち。自分がどれほど浪費しているか把握できていないことも多い。具体的な数字で浪費金額を示すことでお金に関する意識を高めることができるかも。

今が楽しければOK
貯金後回しタイプ

「今が楽しければOK」と、お金について意識したことがないタイプ。好きなようにお金を使うこともももちろんいいけれど、ふたり暮らしになったり、家庭を持つようになるときは、ちょっと心配。

 ここが素敵

楽しくお金を使える。今、この瞬間を大事にできる。

 ここに要注意

貯金が増えない or 貯金がまったくない。

 うまくやっていくコツ

我慢が向かないタイプなので、「将来のため」と漠然とした貯金よりも「旅行貯金」「豪華ディナー貯金」など、ワクワクするような目的をプラスするなどの工夫が必要。お金に関する興味を促すことから始めてもいいかも。

ブレない自分軸アリ 無欲タイプ

周りの誘惑や、見栄などに流されない・気にしない無欲なタイプ。「お金を使うことにも、お金を稼ぐことにも興味がない」「そもそも、お金自体に興味がない」など、いろんなタイプの無欲があるので見極めが大事かも。

ここが素敵
お金の無駄使いをしない。

ここに要注意
お金を使うことだけではなく、貯めることに関しても無欲なところ。

うまくやっていくコツ
お金に関心がないからこそお金を「稼ぐこと」「貯めること」にも興味がないことも。無欲は悪いことではないけれど、ふたりのお金の使い方に差がありすぎると不満につながる場合もあるので注意。それを避けるためにも、できる限りお互いの理想を話し合い、理解し合うことが大事。

借金のあるなし、伝えるべき？

今思えば、借金のことは早々に彼に伝えておいてよかったと思っています。そういうことも含めて、ちゃんと話を聞いてくれる相手だったからこそ、結婚できたのかなとも思うのです。

借金のようなデリケートでプライベートな告白は、次の2つのことに注意して伝えましょう。

1　伝えるタイミング

もし伝えるなら、「返済の目処が立ったとき」がベストタイミングのような気がします。

「借金があるんだ」よりも「借金があるんだけど、20XX年●月までに完済予定だよ」のほうが、聞こえがいいですよね？　期間限定なら、聞いた側も不安にならずに済みます。

2　借金の理由

借金の理由は人それぞれです。

理由が浪費の場合は、お金の使い方を考え直す必要があります。たとえ完済できたとしても、根本的な原因（浪費癖）を解決しておかないと、また同じことの繰り返しになってしまうから。

将来を真剣に考えているなら、彼のためにも自分のためにもお金の使い方を見直しましょう。

奨学金という名の借金のこと

ネガティブなことって、パートナーに伝えにくいもの。
将来を真剣に考えている相手ならなおさらですね。

私には、大学4年間の間に借りていた奨学金がありました。
そのことは、彼と付き合い始めて半年くらいのとき、話の流れの中で伝えました。

彼の反応は「へえ、そうなんだ！」（特に気に留めたふうでもなかった）。
幻滅されたり嫌われたりしなくてよかったと安心したのと同時に、「早く完済するぞ！」というやる気がメラメラ湧き上がったことを覚えています。

総額216万円の奨学金も、社会人1年目から返済を始めて、社会人5年目となり、ようやく2022年度末に完済できました。

やった、がんばった！

ぽちのぷちデータ　何らかの奨学金（※）を受給している学生の割合は、大学学部（昼間部）で55.0%、短期大学（昼間部）で61.5%、修士課程で51.0%、博士課程で58.9%となっています（2022年）。
（※）「奨学金」とは、日本学生支援機構の奨学金（給付・貸与）とそれ以外の奨学金（給付・貸与）を指します。

パートナーに借金があることを打ち明けられたら？

借金があることを打ち明けられたら
- 落ち着いて相手の話を聞く
- 借金の理由と金額を聞く
- 自分の気持ちを伝える

まずは落ち着いて相手の話を聞こう

単身世帯のうち約6人に1人は借金があるというデータがあります。
たまたま好きになった相手に借金があっても、それほど珍しいことではないのですね。
借金があるということだけで拒否反応を示すのではなく、まずは落ち着いて相手の話を聞いてみましょう。

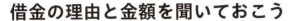

借金の理由と金額を聞いておこう

借金の理由はさまざまです。
「進学のため」「病気の治療」「家庭の事情」など、やむを得ないこともあります。
私のように進学のために奨学金を借りたケースも多いはずです。
ですから、借金が必ずしも悪いというわけではありませんね。
ただ、理由が浪費やギャンブルなら、これからどうするかが大事。
それほど高額でなければ毎月コツコツ返済できるはずですし、家族に肩代わりしてもらえるなら、利子による借入金額がふくらんでしまうことを防げるかもしれません。
今後のためにも、借金の理由と金額は聞くようにしたいですね。

自分の気持ちを伝えよう

過去に借りてしまったお金は、今さらどうすることもできません。
まずは正直に、今の自分の気持ちを相手に伝えてみてください。
「今まで秘密にされていたことがショックだった」
「これからの将来が心配になった」
いろいろな気持ちがあると思います。
まずは伝えることが大事。
それから、ふたりの将来について考えましょう。

2人以上の世帯における 2023 年平均の1世帯当たり負債現在高（平均値）は 655 万円。このうち勤労者世帯では 1009 万円で、前年に比べ 130 万円の増加となっています。また、2人以上の世帯の負債保有世帯の中央値は 1422 万円です。

なぁんか、お金の話をしにくいんだよね

「パートナーとお金について話しづらい」
「話を切り出すタイミングが難しい」
こんなときは、無理に話す必要はないです。
でも、お互いがふたり暮らしや結婚を意識したときは、一歩踏み込むときかも。

◎忙しいときや疲れているときは避ける

話すタイミングが大事。疲れているときや忙しいときにお金についての難しい話をされると頭が回らなくて真剣に聞けないこともあります。話の内容を忘れてしまってあとでケンカになることもあるので、できればそういうタイミングでの話し合いはお互いのためにも避けたいです。

◎熱く語りすぎない

相手の熱がすごすぎると引いてしまう人が多いのでは？
熱く語りたい気持ちをぐっと抑えて、冷静に話すように心がけて。

◎短時間で端的に話し合う

長々とお金について話すのはあまり好きじゃないという人もいます。

◎前向きに話す

「私たちぜんぜん貯金ができていないよ」と言うより、「貯金できるようになるためにはこうしてみようか？」と、ふたりにとって実のある話し合いにしていきましょう。

ふたりで話したほうがいい！
お金に関するお話リスト

結婚前

☐ お給料（年収、月給、ボーナス、福利厚生）

☐ 借金があるかどうか

☐ ふたりで暮らすときの家計管理方法

☐ 結婚式について（結婚式を行うかどうか、結婚式費用）

☐ 新婚旅行について（行くかどうか、旅行費用）

結婚後

☐ 毎月の家計状況（定期的に話し合うのが理想的）

☐ 保険の見直し

☐ 現在の貯金額

☐ これからの住まいについて

☐ 仕事について

☐ 子どもについて

☐ 老後について

ふたりの家計管理は共同財布制

共同財布制とは、ふたり暮らしに必要なお金をふたりで出し合って、その中でやりくりする方法です。

手元に残ったお金はそれぞれ自由に使っていいことにしています。
比較的自分の好きなようにお金を使えるのがこの方法のいいところ。
でも、好きなようにお金を使えるからこそ、それぞれが貯金をがんばらなくちゃいけません。
そこだけ注意が必要ですが、今のところこの方法で、私たちはうまくいっています。ほどよくお金を使いながら、ほどよくお金を貯めたい私たちに、ぴったりハマったのがこの方法です。

彼の手取り
約21万円

ぽち。の手取り
約20万円

メリット
負担額の不満が出にくい。個人の自由度高め。

デメリット
自由に使えるお金が多い分、それぞれが貯金をがんばらないといけない。

ポイント
お互いの給料に合わせて負担額の割合を決める。

こんな家計管理方法もありますよー

◎おこづかい制

夫婦ふたりのお給料を1つにまとめて管理。
そこからおこづかいをそれぞれが受け取る。

メリット
お金の把握・管理をしやすい。

デメリット
収入が多いほうが不満に思うことも。

ポイント
お互いが納得するおこづかい額にして、不満を少なくする。

◎項目別に分担制

「固定費は彼」「生活費は私」みたいな感じで項目ごとに分担する方法。

メリット
自分の負担額を支払えばあとのお金は自由に使える。

デメリット
負担額に差が出やすいので一方に不満がたまりやすく、家計全体を把握しづらい。

ポイント
負担する項目の割り振りをしっかり話し合い、不満が増えないようにしておくこと。

> 我が家の場合、結婚を機におこづかい制に変えることも検討したのですが、彼がとても嫌がりました。
> 彼は自分の貯金もがんばっているし、それほど浪費するタイプでもないので、結局「自由に自分でお金を管理したい」という彼の意見を尊重することにしました。ただし、「毎月のふたりの貯金額を増やすこと」「子どもを授かるまではこの方法で」を条件に！ ライフプランに合わせて家計管理方法もその都度、見直していきます。

 「何年先まで生活設計を立てているか」という問いについて。総数のうち生活設計を立てているのは全体の33.9％。その策定期間を見ると、「10年先まで」（35.3％）が最多。次いで「20年より先まで」（21.2％）、「3～5年先まで」（19.8％）と続きます（2024年）。

考え方も行動も
正反対なふたりの場合
どうしたらいい？

1 「貯めることが楽しい」VS「使うことが楽しい」

- お金を貯めることも使うこともどちらも大切。
- 「貯める＝いいこと」「使うこと＝悪いこと」と考えない。

用途別にお金をしっかり分けて、お金を貯めることも使うこともどちらもやっちゃいましょう。
欲張りかもしれませんがここは欲張っていいところ。
今しかできないこともたくさんあるから、そのためにお金を使うことも大事だし、将来のためにお金を貯めることももちろん大事。
極端にどちらかだけを優先するのではなくて、どちらもやろう。

「小食」VS「大食い」

- 食べる量が違うのは当たり前。
- モヤモヤの正体は、気づいてくれない相手の態度。
- 食費以外で、お金を多く出してもらう。

食べる量に差があれば、食費の負担額が気になるのも当たり前のこと。負担に気づいてくれない・考えてくれていないことに腹が立つのは当たり前です。
まずは気づいてもらうことが大事。そして、不満を素直に伝えることも大事。
「ケチって思われるんじゃないか」と不安になるかもしれませんが、ふたりの問題をあなたひとりだけで悩む必要はないです。
とは言え、食べた割合で食費の負担額を決めるのは難しいですから、多く食べたほうが外食のときに多く支払う（ごちそうする）という方法が一番楽かもしれません。

「プチプラ好き」VS「ブランド好き」

- 自分のおこづかいで買うなら、お互いの自由。
- 将来も見据えて購入するものは、ふたりで選ぶ。

たとえば、家具とか家電とか、わりと値がはるものなど、ふたり共通のものを買うときです。
選ぶポイントは「それがあることで、今の自分たちも、将来の自分たちも、幸せか？」です。
ブランドもので「毎日の気分が上がる→貯金のモチベーションまでアップ」とプラスになるケースもあれば、「見た目はいいけど購入費で家計が圧迫される→毎日のやりくりがきつい」とマイナスになるケースも。
逆にプチプラで「少ない費用で購入できた→貯金が減らずに済んだ」というプラスのケースもあれば、「安さ重視で購入して見た目が気に入らない、使い勝手が悪い→結局は買い替えることに」というマイナスのケースも。
購入後の将来も見据えながらふたりでしっかり話して決めましょう。

4 「お酒を飲む」VS「お酒を飲まない」

- "平等"を意識する。
- おこづかいから買ってもらう。
- 自分も同じくらいお金を使う。

解決策は「おこづかいで買ってもらう」「同じくらい自分もお金を使う」です。
家計管理においては、お酒を飲むこと自体が不満なのではなくて、相手ばかり嗜好品にお金をかけているという不平等な状況が不満をうむのです。
ふたり共通のお金から購入するから不満になるのであれば、おこづかいから購入してもらえば、解決ですね。
もしくは、相手がお酒にお金をかける分だけ自分も他のものにお金をかけるとか、お酒以外の好きなものにお金を使ってしまいましょう。
「同じ分だけお金を使ってしまったら家計が破産しちゃうよ！」という声が聞こえてきそうですが、破産しない金額を計算してそれを半分に割った金額でそれぞれ楽しめば、どうでしょう？ 相手が不機嫌な様子であれば、「あなたばかりお金を使っていて不満」「平等にしたい」と伝えてみましょう。

相手の考え方を受け止めてみない？

今までの育った環境や経験が違うんですから、自分では当たり前だと思っていた価値観も相手にとっては当たり前ではありません。
違うことを前提に相手の考えを受け止めてみましょう。

ふたりの妥協点・着地点、どこかにないかな？

お互いが納得できるようなふたりだけの正解を見つけましょう。
相手の価値観を理解したいという歩み寄る姿勢が大事で、ここまでなら許せるという妥協点が見つけられるといいですね。

違いを楽しんでみるのはどう？

「違いがあるからこそ面白い」なんてことも。「なるほど、そういう考えもあるんだ」という受け止め方ができると、自分の視野を広げるチャンスにもなります。

本音で話し合わない？

「自分の考えを伝える」「相手の考えを知る」ということが必要。
話すことで「過去にそんな出来事があってこういう考えになったのか」と納得できることもあるはずです。また、相手が自分の理解の範疇を超えた価値観を持っていたら、それを相手に伝えることも必要です。

めざせ！ パズルのピース みたいなふたり

ぽち。は
料理が好き。

彼は
洗濯が好き。

私が洗濯が好きじゃなくて、彼は料理が好きじゃないから、ここのところは、とてもうまい具合にお互いの「好き」「嫌い」がハマっています。

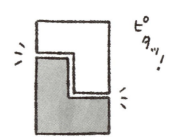

「ばっかり」を減らそう

① 私ばっかり、買い物してない？

もう、いやー！

② 私ばっかり、料理してない？

③ 私ばっかり、掃除してない？

④ 私ばっかり、洗濯機回してない？

どっかーん！

わかった！ 僕ももっと、できることするよ。食器洗ったり、洗濯物を畳んだりはしてるけど、足りなかったかもしれないね。

「ばっかり不満」をぶちまけたら家事がスムーズに！パズルのピースをはめるみたいに、暮らしを回していけたらいいね。

ぽち。のぷちデータ　家事関連時間を男女別に 2016 年と比べると、男性は 51 分で 7 分の増加、女性は 3 時間 24 分で 4 分の減少となっています（2021 年）。男性が家事関連に費やす時間はわずかに増えていますが、それでも 2 時間以上の差があるのです。

ふたりになって、わりとよかったなあと思うこともある

一緒にごはんを作る

毎日じゃないけれど、
料理が苦手な彼が必死で料理する姿は
ちょっとほほえましかったりもして……。

一緒にごはんを食べる

仕事とかその日の予定で
ひとりごはんのときもあるけど、
やっぱりおいしいものは一緒に食べたいな。

突然「行こっか!?」と、なること

無計画なほうがワクワクすること、たくさん
あります。
真夜中の衝動も、ふたりだったら、即実行で
きちゃう。
これってすごいこと。

夜ごはんの後のコンビニ

夜のコンビニはなんだかワクワクします。
闇にぼうっと光る宇宙船みたい。
買うものは、スイーツ、アイス、お菓子いろいろ。

急な夜のドライブ

次の日が休みなら思いきって
遠くまで。
どこまで行けるかなー。
なんかスリリング。

ひとり時間があるからこそ、ふたり時間も大切になる

仕事帰りにあえて寄り道してみる。
お風呂でのんびりする。

相手が仕事の日にあえて有給をとってみる。
別々の部屋で好きなことをしてみる。

……こんなふうに、ひとりの時間を
過ごすようにしています。

ぼち。のぷちデータ　仕事時間（2021年）は、男性が6時間27分、女性が4時間42分。男性が女性に比べて1時間45分長くなっています。2016年と比べると、男性は22分も減少、女性は5分の減少です。男女の仕事時間の差が縮まり、どちらも仕事時間が短くなっています。

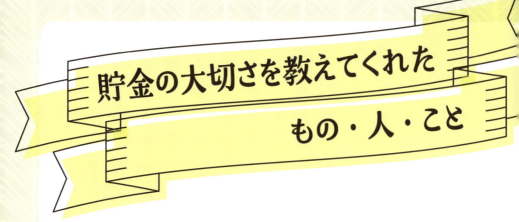

貯金の大切さを教えてくれた もの・人・こと

貯金本

ページの穴に500円玉を1枚はめるたびに、貯金の旅が進んでいくというユーモアたっぷりの本。
全ページに500円玉をはめると10万円分の貯金になります。
旅行気分を味わいながらお金を貯められるので500円玉貯金はすごくハマりました。
そして楽しみながらやっているのでどんどんお金が貯まるというおまけつき。
やっぱり、楽しみながらするのが大事。

両親

何か目標がないと、貯金も仕事もがんばれないものです。
両親が、子どもたちを何不自由なく育ててくれたのは、自分たちのことを後回しにして家族を最優先していたから。社会人になり、結婚もした今なら、その両親の気持ちがよくわかります。
今の私も、家族（自分と彼）のために、貯金や仕事をがんばろうと思うから。

飲み会はひとときの楽しさ。
残るのは思い出と空っぽの財布と二日酔い。

大学時代は友達やサークル・バイト仲間との飲み会やごはんが楽しくて、アルバイト代はお酒や食事に消えていました。楽しい思い出は残っているけれど、もう少し飲み会以外にもお金をかければよかったなあ。

ちりつも浪費には気をつけろ

ぜいたくしているつもりはないのにお金がない。こういう経験ありませんか？
それは、知らないうちに"ちりつも浪費"をしているから。
小さな出費が重なれば大きな出費になるのですよね。
ちりつも浪費の悪いところは、少額だからお金を使った実感があまりないこと。
そして、少額な出費ゆえ、満足感も感じづらい（二重苦ですね、つらい）。
そんなちりつも浪費とは距離を置きたいので、今は本当にほしいものにだけお金をかけるようにしています。

奨学金から得たものは
親孝行と計画的な家計管理能力

奨学金はいわゆる借金です。
「奨学金がなければもっと貯金できたのにな」と思うこともももちろんあります。
でも、奨学金を借りたからこそ大学に通うことができたし、両親のお金の負担を少しでも減らすことができたので、親孝行にもなったのかなって、今は前向きに考えることが増えました。
それに、奨学金の返済を通して計画的にお金の流れを考える大切さも学ぶことができました。
「いつまでに完済したいのか」
「毎月いくらなら無理なく返済できるのか」
自分に問いかけながら返済計画を考えたおかげで、順調に奨学金を返済することができました。
奨学金が教えてくれたことは、はかりしれないほど大きいです。

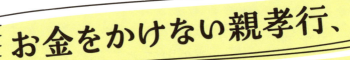

お金をかけない親孝行、けっこうあるよ

会いに行く

会えるときに会う。
元気な姿を見せに行くのって大事です。
会えると自分も嬉しいし、両親も嬉しそうな顔をしてくれます。
いいことだらけ！

電話する

両親と離れて住んでいてなかなか会えない方もいると思います。
だからこそ電話で話すことが大事。
私の両親はこちらに遠慮してなかなか電話をしてこないので自分から連絡するようにしています。
電話をすると楽しくなってしまっていつも
長電話になりがちです。

手紙を書く

手紙は形に残るので
喜ばれることの１つです。
直接だとなかなか伝えられない
感謝の気持ちを、書いて贈るの
もいいものですよ。

自分たちが健康に暮らし、ハッピーでいること

親は子どもの健康と幸せを一番に願っています。自分を大切に健康に過ごすことが親孝行にもつながっているんですよね。

誕生日や母の日・父の日のプレゼント

誕生日や記念日に感謝の気持ちを込めてプレゼントを贈ります。
大事なのは金額じゃなくて気持ち！

数年前に「誕生日は誰でも祝うことができるけど、母の日・父の日は子どもたちからしか祝うことができないんだよ」という話を聞いてすごく衝撃を受けました。それからは、母の日・父の日がより大事な日になって、毎年感謝の気持ちを伝えるようになりました。

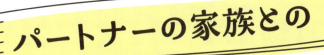

パートナーの家族との おつきあいにも役立つ
贈り物の極意2つ

嫌いなものを知っておく

要するに、消去法！
それだけ避ければいいから、失敗が減るね。

「たまたま……」「偶然……」を手渡すのが、心に響く

思いがけず出会ったおいしいもの、素敵なもの。
大切な人にはプレゼントしたくなるよね。
「たまたま」とお伝えするほうが、相手に気を遣わせずに済みます。

贈り物上手って幸せになれる気がする

もらうのはもちろんだけど、贈り物をするのも大好き。いただいたプレゼントやお祝いは、すべて金額をざっと記録しておき、お返しやお祝いを渡すときに役立てています。

手帳や家計簿にちゃちゃっとメモしてもいいし、市販の贈答記録ノートを使うのもいいかも。

私は手作りのエクセル表で、
こんなふうに
記録しています。

頂いたお祝い

日にち	金額	名前	何のお祝い
2022年3月31日	30,000円	叔父さん・叔母さん	結婚祝い
2022年4月1日	10,000円	○○係長	結婚祝い
2022年4月2日	10,000円	○○先輩	結婚祝い

贈ったお祝い

日にち	金額	名前	何のお祝い
2021年10月	10,000円	○○先輩	出産祝い
2022年3月	5,000円	○○ちゃん	結婚祝い
2022年3月	5,000円	○○ちゃん	結婚祝い

テンションが上がった プレゼント3つ

おしゃれな電気ケトル

私はコスパ重視。見た目は後回しで家電を選んでしまうので、おしゃれな電気ケトルはとても新鮮で嬉しかった！入籍日当日に届くように手配してくれていたこと、直筆の手紙が入っていたことも感激でした。

ホテルのディナーチケット

「自分たちで高いお金を払ってまでホテルにディナーを食べに行こうとは、なかなか思わないでしょ？」とのことで選んでくれたみたいです。
ホテルのディナーを食べる機会はほとんどないので、思い出に残りました。本当においしかった！
チケットの有効期限も長く、都合のいい日に行けるというのもとてもありがたかったです。

カタログギフト

自分で好きなものを選べるカタログギフトはやっぱり嬉しい！
センスのいいものばかりで、うきうきでアイテムを選ばせてもらいました！

お返し（金額）
カタログギフト（12,000円）
お米ギフト（4,000円）
お菓子ギフト（4,000円）

備考
ベビー服
ご祝儀（彼とふたり合わせて10,000円）
ご祝儀

お金とふたりのハピネス

「お金があれば幸せ」
「お金がなければ幸せではない」

この2行を見ていて、どちらもしっくりこないというか腑に落ちないというか……。
「絶対に違う」とも言いきれなくて、なんだかもやもや。

生活するためにお金は必要です。
お金があるからこそ、住むところがあって、ごはんが食べられて、好きなものが買えます。
お金がないと、感じられるはずの幸せも感じられなくなる気がします。
健康な体や生活の上に、幸せは成り立っているとも思います。
なので、生活していくためのお金はやっぱり必要です。

確かに生活するにはお金が必要だけれど、
はたして、幸せにはお金が必要なんでしょうか?

家族と一緒に過ごす時間。友達とのおしゃべり。彼との散歩。
どれもお金をかけなくてもできること。
お金がなくても感じられる幸せもあります。
その一方で、豪華なプレゼントを贈る、旅行に行くなど、
ある程度のお金がないと得られない幸せもありますね。

つまり、お金がなくても幸せは感じられるけれど、お金があれば幸せが増えるってことなのかな？
「お金があれば幸せ」より「お金があれば幸せが増える」のほうが、私にはしっくりきます。

人生は一度きりです。
自分の人生も、大切な人たちの人生も幸せでいっぱいになったらいいな。
こんな欲張りな私の夢を叶えるためにも、
しっかり働いてお金を稼いで、お金を貯めて、お金を有意義に使っていきたい。

「お金で幸せを増やす」をモットーに。

ふたりのその後

結婚式のこと

「家族のため」
そして「自分たちのため」に

憧れはあるものの「結婚式は挙げなくてもいいか」と思っていました。
たった1日のために多額のお金を使うのがもったいない気がしていましたし、新型コロナウイルスが流行していて大勢の人が集まることが難しい時期だったので。

でも、「お得な式場があるって、知ってる?」「素敵なウエディングフォト撮れるところあるよ!」とたびたび教えてくれる母の様子を見て、「実は、式を挙げてほしいのかな?」と感じるようになりました。母は私たちの負担になりたくなくて、本音を言えずにいたのかもしれません。そんな母の本音（希望?）を感じて、「家族のため」に日頃の感謝の気持ちを伝える結婚式をするのは、とても素敵なんじゃないかと考えるようになりました。

式場もインスタで検索！ 「アットホームな雰囲気」「ワンちゃんも参列できる」「きれい」など、マスト条件をすべてクリアした理想的な式場に出会えて、見学したその日に即決。

「結婚式はお金の無駄なのでは」と思っていたけれど、それは違ったかもしれません。なぜなら、一生の思い出になったから。家族の幸せそうな顔を見ることができて本当によかったと思っています。
結婚式にお金をかけられたので、貯金をがんばっていた過去の自分をほめてあげたいです。
「家族婚」「少人数婚」と呼ばれるような小規模の挙式だったので、準備は楽になるはずと思っていたけれど、あれこれ手間暇かけていたら、なんだかんだと大変になりました！ でも、家族に喜んでほしくて、がんばりました。それもいい思い出です。

結婚式費用（ざっくりと！）

- 式費用：約120万円（ここからいただいた会費分を引いて実費105万円くらい）。
- 会費制：1人18,000円。その代わり「ご祝儀は持ってこないでね」と家族にお願いしました。
- 参列者：新郎新婦含めて10人＋1匹。
- 衣装　：ドレス、タキシードは1着のみでお色直しはなし。その代わり、中座で私はヘアチェンジ、彼はジャケットを脱いでワイシャツをチェンジ。
- 演出　：オープニングムービー、プロフィールムービーは手作りで0円。

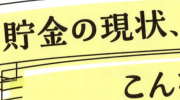
貯金の現状、こんな感じです！

奨学金の返済も終わった今、毎月の貯金額もその分増やして、がんばり中です。
そして、今までずっと気になっていたつみたてNISAもついに始めちゃいました。

私の個人名義の普通預金には、
毎月5万円（現金の貯金：3万円、つみたてNISA：2万円）、
ボーナスから60万円（夏：20万円、冬：20万円、年度末：20万円）を貯金。

ふたりの貯金として、
毎月4万円（2万円×2人分）、
ボーナスから20万円（夏：5万円×2人分、冬：5万円×2人分）を貯金。

結果、貯金総額は、**651万円！**

【内訳】
- ぽち。：普通貯金340万円、特別費貯金13万円、つみたてNISA 20万円
- ダンナ：240万円
- ふたり：38万円

> 地道にコツコツ、増えてます！

おわりに

最後まで読んでくださってありがとうございます。
この本を作るにあたり、「貯金のイメージが少しでもプラスになればいいな」と思いながら書きました。ふたりの将来のために考えなければいけないことはたくさんありますが、「この方法なら私でもできる。楽しそう」と感じられることを1つでも見つけていただけたなら、また、貯金を考えるヒントになれば嬉しいです。

以前の私は、「お金は貯めなくちゃいけないもの」「周りの人がしているから私も貯めなくちゃ」と義務的な感じで貯金していました。だから、気持ちが続かなくて、全然お金を貯められませんでした。そりゃ、嫌なことは続けられませんよね。
そんな私でしたが家計管理の方法を見直したら、「貯金の楽しさ」に目覚めました。おかげで、その後マイホームの頭金を貯金から出すこともできました。
一時的に貯金は減ったけれど、頭金をふたりで準備できたことは、大きな自信になりました！

これからも無理せず自分のペースで、楽しく貯金をしていきます。彼とふたり暮らしを経て、結婚してからも、それは変わりません。苦手なことを続けるのは難しいけれど、「楽しく」「ハッピーに」なら、続けられます。

ふたりのペースを維持することが大事なのかなと感じています。

そんなふうにゆるーく貯金を続けている私だからこそ、みなさんにお伝えできることがあるんじゃないかなと思いました。リアルな家計状況、家計管理方法を、見栄を張ることなく赤裸々にご紹介させていただきました。

「貯めなければいけない」から「貯めたい」へ。貯金に対する気持ちをこんなふうに変えられたら、すごくいいですよね。
これからもみなさんと一緒に、幸せな暮らしも貯金もどちらもあきらめず、ほどほどにがんばりたいと思っています。

最後になりますが、出版にあたり支えてくださったみなさんに、この場をお借りして心から感謝の気持ちを申し上げます。

私は29歳の管理栄養士です。平凡な私が本を出せるなんて本当に夢のようです。このような機会をくださった清流出版の秋篠貴子さん、まさに二人三脚でいつも他愛のないやりとりをしながら楽しく作り上げてくださった編集の渡辺のぞみさん、いつか一緒に本を作りたくて以前からラブコールを送っていたイラストレーターのあまおさん、素敵なデザインに仕上げてくださった唐澤亜紀さん、みな

さんのおかげでこの1冊ができあがりました。

いつも私のインスタの発信を見てくださっているみなさん。
お一人お一人に感謝の気持ちをお伝えしたいくらい、みなさんの支えがあってこのような経験をすることができています。
こんな私の発信を見てくださっている方がいることが、本当に嬉しいです。
それが当たり前にならないように、これからも日々精進していきますので、末永くよろしくお願いいたします。

そして、本の出版を喜んでくれて、傍で支えてくれた、彼、家族、お友達、職場の方々、本当にありがとうございます。改めて周りにいる人たちの存在の大きさに気づきました。これからも、自分のため、大好きな人たちのためにがんばるぽち。でいさせてください。
長くなりましたが、本当にありがとうございました。
みなさんの暮らし、貯金に幸あれ！

2025年 春 ぽち。

ぽち。

北海道在住。社会人8年目の29歳。
福祉施設で働く管理栄養士。
大学4年間で216万円の奨学金を借り、2022年末までに完済することを目標にする(地道な貯金生活のおかげで、予定通り完済)。
フォロワー14万人のInstagram「ぽち。＊管理栄養士の貯金生活＊」で、真似してもらいやすい貯金方法や料理などについて投稿している。著書に『今も未来も大切にする しあわせ貯金生活』(自由国民社)。

Instagram
@pochi_pokepoke_money

Instagramアカウントはこちら

ふたりで始めた　貯まる暮らし

2025年4月29日　初版第1刷発行

著者　　　ぽち。
　　　　　Ⓒ Pochi 2025, Printed in Japan
発行者　　松原淑子
発行所　　清流出版株式会社
　　　　　〒101-0051
　　　　　東京都千代田区神田神保町3-7-1
　　　　　電話　03-3288-5405
　　　　　https://www.seiryupub.co.jp/

装丁・本文デザイン　唐澤亜紀
イラスト　　　　　　あまお
企画・編集協力　　　渡辺のぞみ
編集担当　　　　　　秋篠貴子

印刷・製本　　　　　シナノパブリッシングプレス

乱丁・落丁本はお取替えします。
ISBN 978-4-86029-579-0

本書をお読みになった感想を、QRコード、URLからお送りください。

https://pro.form-mailer.jp/fms/91270fd3254235

本書のコピー、スキャン、デジタル化などの無断複製は著作権法上での例外を除き禁じられています。本書を代行業者などの第三者に依頼してスキャンやデジタル化をすることは、個人や家庭内の利用であっても認められていません。